Matemágicas

Robert Müller

Matemágicas

Gimnasia mental
Problemas y soluciones

TIKAL

ediciones

Mi agradecimiento especial para el ilustrador del libro, Norbert Schrader.

DERECHOS RESERVADOS
© **ECON Taschenbuch Verlag GmbH**
© **1995 SUSAETA EDICIONES, S.A.**
© **1996 EDICIONES SUROMEX, S.A.**
   General Francisco Murguía 7
   06170 México, D.F.

Edición hecha con autorización y por cuenta de
SUSAETA EDICIONES, S.A. para EDICIONES SUROMEX, S.A.

Traducción: Carolina Fernández Pérez
Diseño de cubierta: Antonio Tello
Fotografía de cubierta: Stock Photos

ISBN 968-855-181-3
ISBN 84-305-7865-X(EDICIONES SUSAETA, S.A.)

IMPRESO EN MÉXICO
PRINTED IN MEXICO

«¿Cuántas veces te he dicho que lo que queda cuando has descartado lo imposible tiene que ser la verdad, por muy improbable que parezca?»

Sherlock Holmes, *El signo de los cuatro*

Prólogo

El presente libro está dirigido a cualquier persona que se interese por problemas de mayor o menor trasfondo matemático. Resulta apropiado tanto para alumnos y sus padres o abuelos como para profesores, aficionados a estrujarse el cerebro u ocasionales ejercitadores de la mente. Aquí encontrará rompecabezas, curiosidades y juegos con números descritos con la suficiente claridad como para resultar accesibles a todo aquel que se interese por ellos.

Dado el objetivo que me he fijado, esto es, concebir y dirigir el libro hacia un círculo de lectores lo más amplio y diverso posible, he planteado los problemas de manera que puedan resolverse sin ayuda de la matemática formal. Es cierto que, en ocasiones, sería muy posible y lógico aplicar un planteamiento estrictamente matemático, pero en este libro se ha renunciado deliberadamente a ello para conseguir una mayor comprensibilidad general. Afortunadamente para usted, pues, no encontrará aquí fórmulas ni alusiones matemáticas; en todo caso, tal vez aparezcan como observación final a enunciados ya formulados con palabras accesibles a todos. El valor pedagógico de la matemática de entretenimiento es un hecho indiscutible; por ello, este libro resulta tanto más apropiado para los alumnos y para aquellos profesores que —como sé por propia experiencia— quizás con demasiada frecuencia se convierten en «domadores» en las aulas. En mi opinión, los días próximos a las vacaciones ofrecen una magnífica oportunidad a los colegas en la materia para practicar una oportuna matemática de entretenimiento, en lugar de la habitualmente infructuosa «espera de las vacaciones».

Unos pocos de los problemas que aquí se presentan son «clásicos» de matemáticos conocidos o desconocidos, o se basan en planteamientos muy difundidos.

Algunas ideas y estímulos son fruto del ingenio de alumnos y profesores, a quienes deseo agradecer expresamente su colaboración. Algunos de mis colegas han acometido la tarea de elaborar «piruetas mentales» para el libro.

La predisposición de un lector para trabajar a fondo, de principio a fin, un libro de estas características dependerá probablemente de los conocimientos que haya adquirido con el tiempo y del grado de satisfacción que haya alcanzado con ellos. Por esa razón me pareció oportuno no ordenar los problemas de menor a mayor dificultad, como suele ser habitual, sino más bien presentarlos al azar. De este modo quiero evitar que los lectores que crean haber llegado al límite de su «capacidad» no se planteen siquiera intentar abordar los problemas más difíciles.

A menudo la explicación y el planteamiento de la solución de un problema es más amplia que el propio enunciado del problema. Como mencionaba antes, esto se debe al objetivo concreto de exponer claramente problemas a veces no sencillos de resolver. El lector no debería, sin embargo, caer en la tentación de saltar a la solución nada más leer el enunciado del problema.

En todo caso, sería recomendable que el lector superase por sí mismo sus propias dificultades intelectuales. Tanto mayor será entonces su satisfacción personal.

Si busca algún problema determinado para reelaborarlo de nuevo, puede utilizar el índice del final del libro, donde se incluyen todos los problemas clasificados temáticamente y con su página de referencia.

Las siguientes personas han aportado estímulos e ideas:
Jörg Deyhle, Günter Dörner, Walter Dörner, Sonja Grosse, Sebastian Kühn, Peter Urban.

Supondría una enorme satisfacción para mí recibir nuevas aportaciones por parte de los lectores, sobre todo si inspiran nuevos ejercicios para la mente; si se da el caso, las tendría en cuenta en una eventual nueva edición del libro.

Robert Müller

Clasificación de los problemas

A	Aritmética
D	Distribución
G	Geometría
J	Juegos
L	Lógica
M	Mecánica
P	Probabilidades
V	Velocidad
Var	Varios

Las albóndigas del domingo (D)

En el hogar de los Martínez siempre hay albóndigas los domingos. La señora Martínez quiere preparar 3 albóndigas para cada niño de la familia. Cuando se dispone a llevar a la mesa las albóndigas preparadas se da cuenta de que en la fuente hay 2 albóndigas más de las necesarias.

El señor Martínez se alegra mucho de ello y opina: «Si mi esposa y yo hacemos una excepción y también comemos albóndigas, y si además traemos a la abuela a comer, entonces cada uno podrá comerse exactamente 2 albóndigas. ¡Eso también bastará para los niños!» Así fue como se hizo, y todos quedaron satisfechos.

¿Cuántas albóndigas había en realidad en la fuente, y cuántos niños hay en la familia?

Solución

El señor, la señora y la abuela Martínez comieron en total 6 albóndigas, de las que 4 provenían de la ración normal de los niños; ya habíamos visto que sólo había 2 albóndigas de más en la fuente. Al reducir la ración de cada niño de 3 a 2 albóndigas se «ahorraron» en los niños, por consiguiente, 4 albóndigas en total. Por consiguiente, tienen que ser también 4 los niños.

En la fuente había pues $(4 + 3)\, 2 = 14$ albóndigas.

Excursión al campo (D)

Tres parejas de amigos de una escuela de baile emprenden una excursión al campo. Se trata además de parejas que aún no se han casado, por lo que las amigas tienen todos los motivos para sentirse celosas.

A decir verdad, el ambiente es al principio bastante armónico, pero surgen problemas cuando, en el camino de vuelta, tienen que cruzar un lago de la orilla izquierda a la derecha.

Para la travesía, sólo disponen de un pequeño bote que únicamente puede transportar a 2 de las 6 personas.

¿Cómo puede llevarse a cabo la travesía de manera que ninguno de los 3 muchachos tenga oportunidad de flirtear con otra chica en ausencia de su pareja?

Solución

Lo mejor es designar a las correspondientes parejas con letras mayúsculas y sus respectivas minúsculas: así, A, B y C simbolizan a los tres jóvenes muchachos, y a, b y c a las chicas correspondientes a cada uno. Al joven A le corresponde entonces la chica a, y así sucesivamente.

Una posibilidad de pasar a la otra orilla es la siguiente:

	orilla izquierda		orilla derecha
1.	A,a,B,b	$\underset{\longrightarrow}{C,c}$	
2.	A,a,B,b	$\underset{\longleftarrow}{C}$	c
3.	A,a,C	$\underset{\longrightarrow}{B,b}$	c
4.	A,a,C	$\underset{\longleftarrow}{c}$	B,b
5.	A,a	$\underset{\longrightarrow}{C,c}$	B,b
6.	A,a	$\underset{\longleftarrow}{c}$	B,b,C
7.	A	$\underset{\longrightarrow}{a,c}$	B,b,C
8.	A	$\underset{\longleftarrow}{a}$	B,b,C,c
9.		$\underset{\longrightarrow}{A,a}$	B,b,C,c

Una casa para todos (D)

2 familias, un matrimonio y un joven soltero quieren formar una vivienda comunitaria y comprar juntos una casa en el campo. El precio de compra asciende a 26.400.000 pesetas. La familia más pequeña, con 2 hijos, contribuye con la 3ª parte del precio de compra; la familia Martínez, la mayor, se desprende del triple de lo que paga el joven soltero, y del doble de lo que le cuesta al matrimonio sin hijos.

¿Cuánto debe pagar cada parte, y cómo deben fijarse de manera justa los derechos patrimoniales de la vivienda comunitaria?

Solución

La familia más pequeña paga, con 8.800.000 pesetas, la 3ª parte del precio de compra.

De las restantes 17.600.000 pesetas, la familia Martínez carga con el triple del precio de compra del joven soltero y con el doble del precio de compra del matrimonio sin hijos. El matrimonio debe pagar, por consiguiente, 1 y 1/2 más de lo que paga el joven soltero.

Por lo tanto, la familia Martínez, junto con el matrimonio sin hijos, tiene que pagar un 4,5 más de lo que paga el joven soltero. Por ello, las últimas 3 partes, con 17.600.000 pesetas, cargan con un importe que corresponde a 5,5 partes de lo que paga el joven soltero solo.

El joven soltero paga pues 3.200.000 pesetas; el matrimonio sin hijos, 4.800.000 pesetas; y la familia Martínez, 9.600.000 pesetas del resto del precio de compra.

La familia Martínez, con una participación de 9.600.000 pesetas, posee exactamente 4/11 (= 9.600.000/26.400.000) de los derechos patrimoniales; la familia más pequeña, con 8.800.000 pesetas, un tercio; el matrimonio, con 4.800.000 pesetas, sólo un 2/11 (= 4.800.000/26.400.000); y el joven soltero, con 3.200.000 pesetas, tan sólo puede esperar obtener un 4/33 de los derechos patrimoniales.

La cabezadita del señor Martínez (V)

El señor Martínez tiene que recorrer cada mañana un largo camino en autobús hasta su lugar de trabajo. Debe llegar a su trabajo muy temprano, por lo que a veces echa una cabezadita en el autobús.

Hoy el señor Martínez está especialmente cansado y se duerme cuando todavía le queda el doble del camino que ya ha recorrido.

En mitad del viaje, le despierta el alboroto de unos escolares y sólo consigue dormirse de nuevo cuando todavía le queda por recorrer la mitad del camino que ya lleva hecho. El señor Martínez ya no despertará hasta llegar al final de su viaje.

¿Cuántos años tiene el conductor del autobús?

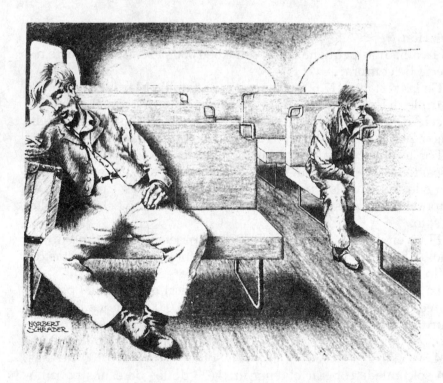

Solución

Como es lógico, la pregunta acerca de la edad del conductor no puede responderse. Lo que sí se podría intentar averiguar es la parte del trayecto total durante la que el señor Martínez ha estado durmiendo.

Si representamos gráficamente el viaje en autobús, podremos determinar más fácilmente el trayecto que ha pasado durmiendo:

⅓	½	⅔

Comienzo   Final

Si el señor Martínez tiene que recorrer aún el doble del trayecto que ya ha hecho, eso significa que sólo ha dejado atrás la 3ª parte del trayecto total; la primera vez, entonces, duerme desde el punto 1/3 hasta el punto 1/2. Esto supone exactamente la 6ª parte del viaje. A continuación, no podrá dormirse hasta que le quede aún por recorrer la mitad del trayecto que ya ha dejado atrás. Por lo tanto, se duerme de nuevo desde el punto 2/3 hasta el punto final.

En total, pues, ha estado durmiendo (1/6 + 1/3 = 1/2) la mitad del trayecto.

Cigarros baratos (D)

Un importador de tabaco vende cigarros en cajas rectangulares. En cada caja se colocan 120 cigarros en 8 líneas, de manera que en cada línea hay 15 cigarros.

Hace ya tiempo que el fabricante de cigarros trata de dar con el modo de aumentar el número de compradores de sus cigarros a través de una oferta extraordinaria. Debido a problemas relacionados con el funcionamiento interno de la empresa, no desea modificar el precio directamente; prefiere bajarlo de manera indirecta mediante un aumento del número de cigarros en cada caja.

¿Es posible aumentar el número de cigarros por caja sin cambiar el tamaño de la caja?

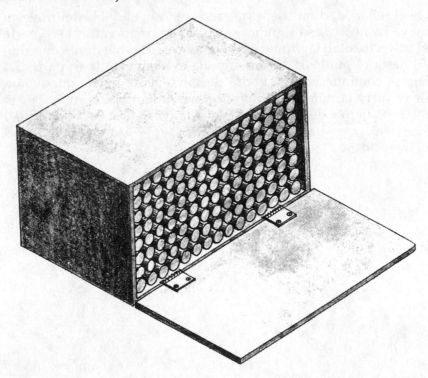

Solución

Si en cada fila de la caja de cigarros hay el mismo número de cigarros, éstos deben estar empaquetados como puede verse en la primera ilustración. De lo que se trata es de modificar la disposición de los huecos entre los cigarros, de manera que puedan ser empaquetados más cigarros en la caja.

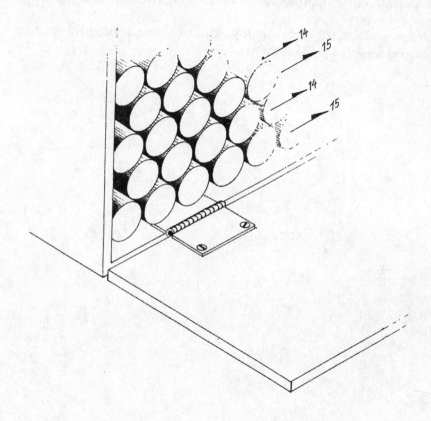

Esto será posible si en la fila inferior hay 15 cigarros, en la siguiente 14, luego otra vez 15, etc. y en la superior (fila 8ª) de nuevo 14 cigarros. Entonces cada cigarro descansará sobre los huecos que queden entre los cigarros de la fila de abajo. De esta manera, cada fila estará más comprimida que en la anterior disposición

Dicho más exactamente, habremos ahorrado por fila una diferencia de nivel de 0,26 veces el radio del cigarro; en 8 filas, esto supone un ahorro de algo más del doble del radio de un cigarro. Así, podrán ser empaquetados otros 15 cigarros en una nueva 9ª fila.

Después del cambio de disposición, una caja contendrá, por lo tanto, $5 \times 15 + 4 \times 14 = 131$ cigarros.

Mesa con posavasos redondos (J)

Rafael y Manolo acuerdan el siguiente juego:

Alternativamente entre ambos, tienen que ir colocando posavasos redondos sobre la superficie redonda de una mesa. Disponen de muchos de estos posavasos totalmente iguales.

El juego lo gana quien consiga poner el último posavasos sobre la mesa. Los posavasos pueden tocarse entre sí, pero no deben solaparse.

Rafael ha pasado largo rato meditando el juego. ¿Cómo podrá obtener la victoria?

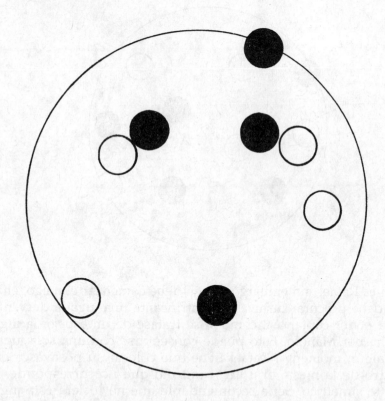

Solución

Sorprendentemente, ni el tamaño de la superficie de la mesa ni el tamaño de los posavasos tienen importancia.

Si Manolo es el que comienza a colocar posavasos, Rafael tiene que situar siempre el suyo en el punto simétricamente opuesto —tomando como referencia el punto central de la superficie de la mesa—. De ese modo ocupará siempre el espacio correspondiente a la imagen simétrica del posavasos anterior.

Está claro que, en algún momento, Rafael ocupará el último espacio libre de la superficie de la mesa con un posavasos.

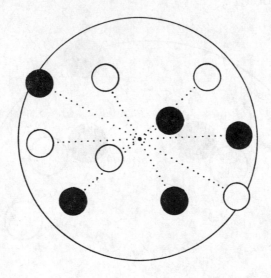

Si es Rafael, sin embargo, quien debe comenzar el juego, entonces debe procurar dejar a su contrincante una jugada de ventaja, para poder copiar así, como si se tratase de un espejo, la jugada hecha por Manolo. Esto puede conseguirse con una sola jugada. En algún momento, Rafael tiene que colocar su posavasos en el centro de la mesa, el único punto al que no corresponde otro punto simétrico. Sería recomendable que no hiciera esta jugada inmediatamente al comienzo del juego, para así disimular su estrategia.

22

Los jugadores (D)

En una ocasión, 3 caballeros querían ganar a toda costa en el casino. Para poder hacer realidad su estrategia, reunieron todos sus ahorros con el fin de disponer de dinero suficiente. El jugador A pagó la mitad de las apuestas; el jugador B, la 3ª parte; el jugador C sólo aportó 1/9 del importe total.

El sistema de juego que habían ideado resultó ser verdaderamente eficaz, ya que en la primera noche ganaron 17 valiosas fichas en la ruleta.

Uno de los jugadores quiso entonces retirarse de la sociedad porque temía perder el dinero que había ganado. Esa misma noche se reunieron para dar con el modo de repartir la ganancia de una manera justa, de acuerdo con el porcentaje de cada uno. Desgraciadamente, a aquella hora no podían cambiar las fichas por dinero en efectivo; el jugador prudente insistía, a pesar de todo, en un reparto inmediato.

Un señor amable, que había escuchado su problema, supo darles un consejo.

¿Sabría usted otro?

El señor que se acercó a ellos puso a su disposición, a modo de préstamo, una de sus fichas. Entonces pudieron repartir de manera justa las 18 fichas: el jugador A recibió, con 9 fichas, la mitad; el jugador B recibió 6; y el jugador C tuvo que darse por satisfecho, de acuerdo con su porcentaje invertido, con 2 fichas. En total sólo habían repartido 17 fichas, y la ficha decimooctava fue devuelta al afable señor.

¿Es posible que sucediera así?

Solución
Esto es sólo posible en este caso, porque las participaciones en las apuestas no son correctas. Dan un resultado, con 1/2 + 1/3 + + 1/9 = 17/18, de casi 1, pero de hecho no es exacto. Por ello fue posible en este caso realizar un reparto tan singular.

Nuevos compañeros (L)

En la apertura de una empresa, tres de los futuros colegas de trabajo, el señor Bajo, la señora Grande y el señor Delgado se dieron cuenta de que las tres características que correspondían a sus apellidos podían también ser aplicadas al físico de cada uno de ellos.

—De todas formas, ninguno tiene la característica que cabría esperar de su apellido —señaló enseguida el más espigado de los compañeros, el señor Bajo.

¿Qué características físicas poseen los tres colegas?

NORBERT
SCHRADER

24

Solución

De la afirmación aplicable a los tres colegas según la cual ninguna de sus características físicas coincide con el apellido correspondiente, puede deducirse que:

El señor Bajo sólo puede ser grande o delgado.

La señora Grande sólo puede ser baja o delgada.

El señor Delgado sólo puede ser bajo o grande.

Puesto que al señor Bajo, de quien hemos dicho que era el más espigado, debe corresponderle con toda seguridad la característica «grande», puede concluirse finalmente:

El señor Bajo es grande.

La señora Grande es delgada.

El señor Delgado es bajo.

Recolección complicada (D)

En medio de la enorme plantación se levanta la casa del propietario, de manera que puede ver cada punto de su propiedad desde
las cuatro buhardillas situadas a los lados del tejado.

Desde cada ventana de las buhardillas puede observar exactamente 3 cuadrillas de trabajadores, que a su vez constan de 3 trabajadores cada una; es decir, puede ver de una sola mirada a 9 trabajadores.

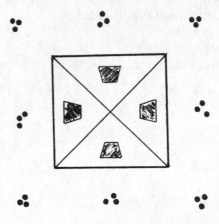

Un día deben ser contratados 2 nuevos trabajadores. El propietario de la plantación quiere, sin embargo, continuar teniendo la
posibilidad de controlar a todos sus trabajadores desde las venta-
nas del tejado, esto es, ver desde cada ventana de las buhardillas a
9 trabajadores, dispuestos, a su vez, en un total de 3 cuadrillas de
trabajo.

¿Podrá conseguirlo con una adecuada distribución de las cuadrillas de trabajo?

Hacia finales de temporada, sin embargo, deben ser despedidos
6 trabajadores, puesto que las heladas han destruido una parte de
la cosecha y el trabajo que todavía queda por hacer podrá llevarse
a cabo con menos mano de obra.

¿Podrán seguir cubriéndose las columnas de trabajo de la plantación del modo que desea el propietario?

Solución
De hecho, el propietario de la plantación no tiene que renunciar a
su control:

Como puede comprobarse fácilmente, al principio trabajaban 24
trabajadores en un total de 8 cuadrillas de trabajo simétricamente
dispuestas.

Ahora deberán ser repartidos entre los 8 lugares de trabajo, en
primer lugar 26 trabajadores y, después, sólo 20 trabajadores, de
modo que desde cada ventana puedan observarse 3 cuadrillas de
trabajo con un total de 9 trabajadores.

Los esquemas muestran ambas soluciones.

26 trabajadores

20 trabajadores

27

Ejes (M)

2 ejes de diferente grosor, unidos entre sí, están colocados en un soporte de modo que puedan girar libremente.

¿Qué peso, el mayor o el menor, deberá colgarse en el gancho libre para que las fuerzas de ambos ejes se equilibren?

Solución

Puesto que la cuerda con el gancho libre es la más larga, la masa que debe colgarse en ella debe ser menor a la que ya cuelga.

La tía de Toni (V)

La tía Marisa iba a llegar en barco al puerto de Barcelona. Su sobrino Toni esperaba la llegada del barco a las 13 horas y salió puntualmente de su casa para ir a buscarla al puerto. No obstante, salió con el tiempo justo para estar en el puerto exactamente a la hora prevista de llegada del barco.

Pero el barco llegó antes. Como la tía Marisa no sabía que Toni iba a recogerla, subió a un coche de caballos y se puso en marcha para ir al encuentro de su sobrino.

Toni se encontró con el coche cuando hacía una hora que el barco había llegado. Recogió alegre a su tía en su propio coche y se dirigió a su casa.

El café de bienvenida, sin embargo, no estaba todavía listo, ya que todos esperaban la llegada de Toni y la tía 40 minutos más tarde.

¿A qué hora llegó el barco en que viajaba la tía Marisa al puerto de Barcelona?

Solución

Si a Toni y la tía no se les esperaba hasta 40 minutos más tarde, es de presumir que para recorrer el trayecto entre el punto de encuentro con el coche y el puerto Tobi habría necesitado exactamente 20 minutos. A la hora en que se produjo el encuentro, sin embargo, hacía una hora que el barco había atracado.

Por consiguiente, Tobi esperaba que la hora de llegada del barco se produjese 20 minutos después de la hora en que tuvo lugar el encuentro con el coche.

Por lo tanto, el barco entró en el puerto en total 80 minutos antes de lo previsto, es decir, a las 11.40 horas.

Endiablada máquina (M)

En el Museo de la Técnica hay una máquina con ruedas dentadas, encajadas entre sí y unidas con correas y cuerdas de la manera en que aparece en esta página.

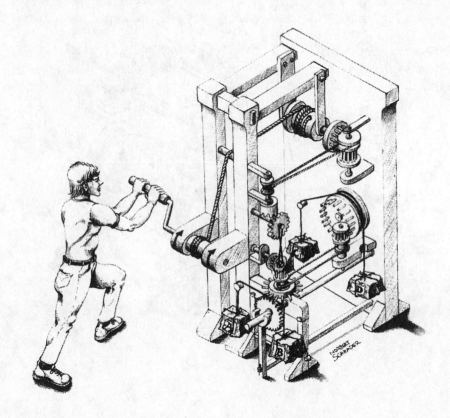

El señor Martínez permanece perplejo ante esta pequeña maravilla de la técnica y reflexiona sobre cómo moverá la máquina las 4 pesas si hace girar la manivela en el sentido indicado.

¿Qué pesas se elevan y qué pesas descienden?

Solución

Las pesas A y C se elevan; las pesas B y D descienden.

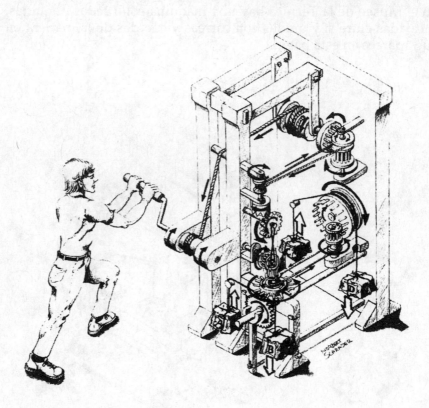

Tornillos (M)

¿Cómo se moverán 2 tornillos encajados entre sí y con roscas idénticas, si se hacen girar ambos en un mismo sentido?

Las cabezas de los tornillos, ¿tienden a separarse, tienden a juntarse o conservan la misma distancia entre sí?

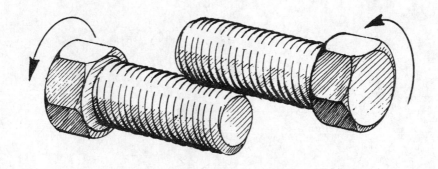

Solución
Las dos cabezas conservan constante la distancia de separación entre ellas, ya que el movimiento de acercamiento de uno de los tornillos, producido por las vueltas a la derecha, es compensado por las vueltas a la izquierda que da el otro tornillo. (La cabeza de un tornillo se aleja de una tuerca si se le da vueltas a la izquierda.)

33

Un minuto (V)

2 vehículos circulan en sentido opuesto en un trayecto de 120 km. El vehículo A se mueve a una velocidad de 90 km/h, mientras que el vehículo B lo hace a 130 km/h.

¿A qué distancia están entre sí un minuto antes del encuentro?

Solución

En los movimientos opuestos, las velocidades individuales se suman para obtener la velocidad total con que los cuerpos se acercan. Ambos vehículos, por tanto, se acercan a una velocidad de 210 km/h o 3,5 km/min.

Por consiguiente, un minuto antes del encuentro, la distancia entre ellos es de exactamente 3,5 kilómetros.

Vacaciones programadas (V)

La familia Martínez va a ir 9 días de viaje de exploración por la sierra en una caravana. Quieren irse acostumbrando poco a poco a un viaje de ese tipo y acuerdan por ello aumentar cada día en 20 km el recorrido diario.

Al finalizar el último día de vacaciones, comprueban que han recorrido 1.080 km.

¿Cuántos kilómetros hicieron el 4º día y cuántos el último día de excursión?

Solución

Si el primer día hicieron x km, entonces cada día que pasaba hacían igualmente x km y además, sucesivamente, 20 km más. Así pues, en 9 días habrán recorrido 9 x km, aparte del aumento progresivo de:

$$1 \times 20 \text{km} + 2 \times 20 \text{ km} + 3 \times 20 \text{ km} + ... + 8 \times 20 \text{ km} =$$
$$= 20 \text{ km} + 40 \text{ km} + 60 \text{ km} + ... + 160 \text{ km}$$

Si en la anterior adición sumamos cada vez el primer y el último sumando, el segundo y el penúltimo, etc., se puede representar la suma como 4×180 km = 720 km. Por ello, la diferencia de kilómetros 1.080 km - 720 km = 360 km corresponde a 9 veces el rendimiento en kilómetros del primer día.

Por consiguiente, la familia Martínez recorrió el primer día 40 km; el 4º día, por lo tanto, 100 km; y el 9º día (el último) 200 km.

Roberto y Felipe (L)

Roberto, con 33 años, es hoy exactamente tres veces mayor de lo que era Felipe cuando Roberto tenía la edad que hoy tiene Felipe. ¿Cuántos años tiene Felipe?

Solución

Si Roberto, con 33 años, es hoy tres veces mayor de lo que era Felipe, entonces éste debía tener en aquel momento 11 años.

En aquella época, Roberto tenía la misma edad que tiene Felipe ahora. Conforme a ello, desde que Felipe tenía 11 años hasta su edad actual tiene que haber transcurrido el mismo número de años que desde la edad que en aquel entonces tenía Roberto hasta la edad que hoy día tiene Roberto.

Para averiguar la solución, basta con buscar la mitad entre las edades de 11 y 33 años. Por lo tanto, Felipe tiene hoy día 22 años.

Proyección en tres planos (G)

En un examen de la asignatura de geometría, los alumnos deben representar desde 3 perspectivas, en lo que se denomina «proyección en tres planos», un cuerpo situado sobre el pupitre del profesor.

Un alumno hace la proyección en dos planos del cuerpo, en donde pueden reconocerse 2 rectángulos congruentes (coincidentes) tanto en el alzado (perspectiva desde el frente) como en la planta (perspectiva desde arriba).

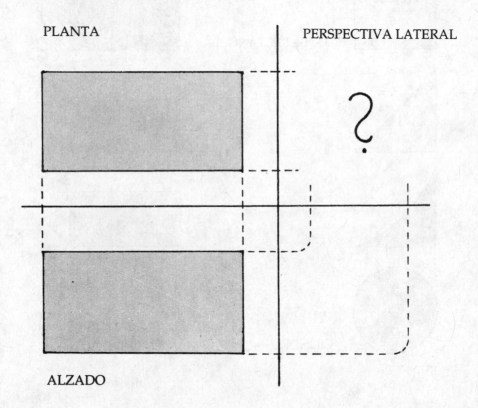

¿De qué cuerpo puede tratarse?

Solución

La representación de algunos cuerpos en dos planos de proyección no siempre es unívoca, y eso es lo que ocurre aquí. En el caso del cuerpo aquí propuesto, puede tratarse de un bloque rectangular, de un prisma (de los tipos más variados) o también de un cilindro.

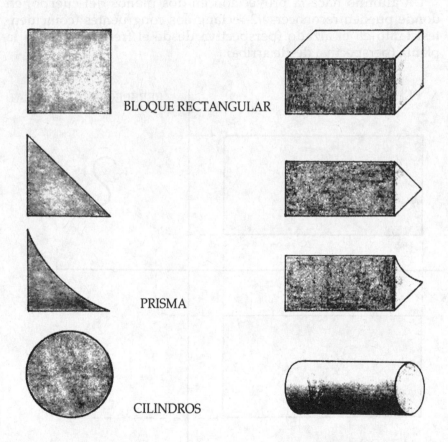

BLOQUE RECTANGULAR

PRISMA

CILINDROS

Sección de rombos (G)

¿Cómo podemos seccionar un rombo en 2 partes, de un solo corte, de manera que las dos partes resultantes puedan complementarse y formar un cuadrado?

¿Podríamos seccionar también un trapecio asimétrico, de manera que las partes resultantes puedan juntarse y formar un cuadrado?

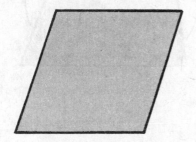 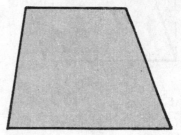

Solución

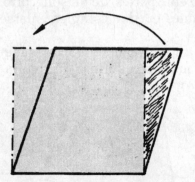 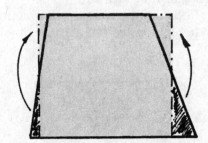

El gordo Carlos (D)

Cuatro amigos querían cruzar un lago con un bote de remos.

En el primer intento se dieron cuenta, sin embargo, de que el bote solamente podía transportar 100 kilos, justo lo que pesaba el gordo Carlos. Los otros tres pesaban, sin embargo, mucho menos: Francisco pesaba 52 kilos, Pablo pesaba incluso 3 kilos menos; los cuatro pesaban en total 247 kg.

La travesía no sólo se presentaba problemática por la capacidad del bote: Pablo, además, no sabía remar.

Tras cavilar un rato, los amigos dieron con una posibilidad de cruzar el lago los cuatro.

¿Cómo lo hicieron?

Solución

Carlos pesaba 100 kg; Francisco, 52 kg; Pablo, 49 kg; y el cuarto amigo (Luis), 46 kg.

Una posibilidad de pasar a la otra orilla del lago es la siguiente:

	orilla izquierda		orilla derecha
1.	C, P	F, L →	
2.	C, P	L ←	F
3.	C	L, P →	F
4.	C	F ←	L, P
5.	F	C →	L, P
6.	F	L ←	P, C
7.		L, F →	P, C

Alarma de bomba (V)

En las oficinas de una estación de ferrocarril se ha recibido una amenaza de bomba. Según la voz anónima, la bomba debe explotar cuando coincidan las manecillas del reloj de la estación. Ahora son las 16.00 horas.

¿De cuánto tiempo disponen exactamente la policía y los bomberos para encontrar y desactivar la bomba?

Solución

La manera más fácil de solventar la situación sería detener el reloj de la estación. Sin embargo, si no queremos correr riesgos, hay que buscar la bomba lo más rápidamente posible.

Hasta la hora prevista para la explosión de la bomba transcurren los siguientes intervalos de tiempo:

Según el tiempo transcurrido	Posición de la manecilla grande	manecilla pequeña
0 min	0°	120°
20 min	120°	120°+10°=130°
20 min+100 s	130°	130°+($30/36$)°= (130 $5/6$)°
20 min+100 s +8,3 s, es decir	(130 $5/6$)°	(130 $5/6$)°+($30·8,3/3.600$)°
21 min 48 $1/3$ s	130,833°	130,899°

La manecilla grande en 10 segundos cubre exactamente 1°, ya que en 3.600 segundos (= 1h) cubre exactamente 360°. La manecilla pequeña necesita exactamente 120 segundos para cubrir un ángulo de 1°.

Para cubrir el ángulo de diferencia entre la manecilla grande y la pequeña sólo transcurren fracciones de segundo que no necesitamos tener en cuenta en nuestro problema.

Se podría creer equivocadamente que, bajo este punto de vista, la manecilla grande nunca puede adelantar a la pequeña, ya que a cada movimiento de la manecilla grande, la pequeña también se mueve hacia adelante —aunque sólo lo haga de manera insignificante—. El error está en que los transcursos de movimiento de las manecillas no se contemplan según un decurso continuado del tiempo.

Mejor dicho, los intervalos de espacio y tiempo disminuyen tan rápidamente que, tras algunas consideraciones, puede decirse que no se consigue ningún avance ni en el tiempo ni en el espacio.

43

División magistral (A)

De la siguiente división sólo conocemos la cifra central del cociente de 5 cifras. Los asteriscos ocupan el lugar de cifras todavía desconocidas pero que, sorprendentemente, podemos reconstruir de forma unívoca a partir de la la división expuesta. Sabemos, además, que el dividendo tiene 8 cifras, mientras que el divisor sólo tiene 3:

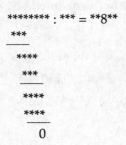

```
********  :  *** = **8**
 ***
 ————
 ****
  ***
  ————
  ****
  ****
  ————
   0
```

Solución

Como sólo se han efectuado 3 operaciones con el divisor, pero en cambio el cociente muestra 5 espacios, entonces 2 espacios de dicho cociente tienen que estar ocupados por ceros. Los únicos lugares posibles son el 2º y el 4º, porque si no el cociente sería sólo de 4 lugares, o bien la última multiplicación con el divisor no podría producir 4 espacios, sino ninguno.

El cociente *080* tiene que poseer además un 9 como última cifra, ya que el divisor multiplicado por 8 permanece con tres espacios; la última multiplicación, sin embargo, da como resultado un producto de cuatro espacios. Por esta razón, el divisor también tiene que ser más pequeño que 125, porque 8 multiplicado por 125 da un resultado de 1000; el resultado de multiplicar 8 por *** tiene que constar, sin embargo, de tres cifras.

Ahora conocemos también la 1ª cifra del cociente. Tiene que ser precisamente mayor que 7, porque si no, la diferencia después de la 1ª multiplicación no podría constar de dos cifras. Con toda seguridad, la diferencia con respecto a un número de 4 cifras sería entonces mayor que 99. Como consecuencia de ello, la 1ª cifra tiene que ser también un 8, ya que si no, como se ha mencionado anteriormente, la multiplicación por 9 daría como resultado un producto de 4 cifras.

Ya conocemos el cociente: 80.809.

El divisor tiene que ser, además, mayor que 123, puesto que 80.809 x 123, con un resultado de 9.939.507, tan sólo ocupa 7 espacios. El dividendo tiene que tener, sin embargo, 8 cifras.

Por consiguiente, el divisor es 124, y la división que buscamos es la siguiente:

$$10020316 : 124 = 80809$$

```
10020316 : 124 = 80809
 992
 ────
  1003
   992
   ────
    1116
    1116
    ────
       0
```

Cambio de moneda (D)

¿Cuántas posibilidades hay de cambiar 50 marcos alemanes (DM) en billetes, teniendo en cuenta que existen billetes de 50, 20, 10 y 5 marcos?

Solución

Lo mejor es tener una visión de conjunto con ayuda de un cuadro:

Cantidad	50 DM	20 DM	10 DM	5 DM
1.	1			
2.		2	1	
3.		2		2
4.		1	3	
5.		1	2	2
6.		1	1	4
7.		1		6
8.			5	
9.			4	2
10.			3	4
11.			2	6
12.			1	8
13.				10

Por lo tanto, son 13 las posibilidades que hay.

Números de tres cifras (P)

¿Cuántos números existen de tres cifras en los que la suma de sus dos primeras cifras dé como resultado la última cifra?

Solución

Buscaremos todos los números con la disposición abc en los que $a + b = c$, por ejemplo, 145. Sólo pueden ocupar el último lugar las cifras entre el 1 y el 9, ya que en otro caso el número sólo constaría de ceros.

Si la última cifra es 1, entonces sólo existe la posibilidad de que el número sea 101.

Para las cifras finales 2, 3, 4 ...9 la cosa cambia. Si queremos, por ejemplo, escribir un número natural —al que denominaremos n— como una suma de dos sumandos, entonces lógicamente habrá también 9 posibilidades para hacerlo, ya que la elección del primer sumando implica la determinación del segundo sumando.

Según esto, el 1 puede ser representado como suma de 1 sola manera, el 2 de 2 maneras, el 3 de 3 maneras, etc., y el 9 de 9 maneras distintas.

Si la última cifra es el 5, por ejemplo, los números correspondientes serán los 5 siguientes:

$$145 \quad 235 \quad 325 \quad 415 \quad 505$$

En total hay, entonces, $9 + 8 + 7 + 6 + 5 + 4 + 3 + 2 + 1 = 45$ posibilidades de hallar un número de tres cifras con la condición exigida.

El signo ausente (A)

¿Qué signo, + o -, hay que situar entre los números para que las equivalencias den el resultado correcto?

a)   2   9   3   5   7   1   =   9

b)   4   4   5   7   2   8   =   8

c)   3   6   5   2   4   4   =   0

d)   8   4   3   5   2   1   =   7

Solución

Las soluciones no son únicas. Aquí sólo mostramos una de las posibilidades que hay en cada caso:

a) $2 + 9 - 3 - 5 + 7 - 1 = 9$

b) $4 - 4 + 5 - 7 + 2 + 8 = 8$

c) $3 - 6 + 5 - 2 - 4 + 4 = 9$

d) $8 + 4 - 3 - 5 + 2 + 1 = 9$

La cuerda (G)

Un jardinero debe medir un terreno de césped de 8 m de largo. Por desgracia ha olvidado su cinta métrica. Dispone solamente de una cuerda larga y sabe además que una cabaña de madera, de forma rectangular, construida junto al césped, mide 7 m x 5 m.

¿Puede medir el terreno de césped con estos recursos?

Solución

Pensando un poco, la medición es perfectamente posible. Hay que tener en cuenta que con las medidas de 2 longitudes no sólo se dispone de esa medida, sino también de todas las que pueden obtenerse sumando y restando esas longitudes.

El jardinero puede medir con la cuerda no sólo espacios de 5 m y 7 m, sino también de 2 m (= 7 m - 5 m) o de 3 m (= 5 m - [7 m - 5 m]).

La longitud que se desea conocer resultará de medir el césped con la cuerda tras establecer operaciones con las longitudes conocidas.

Las manecillas del reloj (V)

En este momento, las agujas del reloj de un campanario coinciden exactamente la una sobre la otra.

¿Cuánto tiempo tiene que transcurrir para que esto vuelva a suceder?

Solución

Como es sabido, la manecilla grande de un reloj se mueve 12 veces más deprisa que la pequeña (velocidad de ángulo), ya que la manecilla grande cubre en una hora un ángulo de 360° y la pequeña, en el mismo período de tiempo, sólo cubre un ángulo de 30°.

Si la manecilla pequeña ha girado con un ángulo α, entonces la manecilla grande habrá cubierto un ángulo de 12α.

Como la mayoría de las veces las manecillas se mueven en la misma dirección, el ángulo entre ambas manecillas es de $12\alpha - \alpha = 11\alpha$; según la posición que tienen las manecillas en este ejercicio, éste es de 360°. El ángulo α tiene que ser de $360/11 = 32\ 8/11° = 32,\overline{72}°$.

Si la manecilla pequeña cubre un ángulo de 30°, en ese tiempo habrá transcurrido 1 hora o 3.600 segundos. En 120 segundos, por tanto, la manecilla pequeña cubre un ángulo de exactamente 1°, mientras que para los $32\ 8/11° = 32,\overline{72}°$, es decir, $3.927,\overline{27}$ segundos, necesita 65 minutos y 27,3 segundos.

51

Ensalada de cifras (P)

¿Cuántos números de 4 cifras se componen sólo de cifras pares si
  a) cada cifra aparece varias veces,
  b) cada cifra aparece, como máximo, una sola vez?

Solución

a) Las cifras sólo pueden estar formadas por los números 0, 2, 4, 6 y 8, siendo necesario que el cero sólo se utilice en las 3 últimas cifras.

  Para ocupar la primera de las cifras hay exactamente 4 posibilidades (2, 4, 6, 8), mientras que para los demás lugares se puede elegir entre 5 cifras.

  Es decir, existen $4 \times 5 \times 5 \times 5 = 500$ números con la propiedad exigida.

b) Si cada número sólo puede aparecer una vez como máximo, entonces hay, en cambio, $4 \times 4 \times 3 \times 2 = 96$ posibilidades.

  La segunda cifra puede elegirse entre 4 de los 5 números 0, 2, 4, 6 u 8, siendo necesario que el número asignado a la 1ª cifra no pueda volver a ser elegido.

  Para el tercer lugar sólo quedan 3 posibilidades, ya que los dos primeros lugares ya han tenido que ser ocupados con 2 cifras.

  Lógicamente, para el 4ª lugar sólo quedarán entonces 2 posibilidades.

Problema de corte (L)

Una tarta debe ser repartida entre dos niños. Cada niño presta especial atención a que su trozo de tarta no sea más pequeño que el del otro niño.

¿Cómo debe ser cortada la tarta de manera que cada niño crea haber recibido, por lo menos, la mitad de ella?

Solución

A un niño se le deja cortar la tarta, mientras que al otro se le deja escoger su mitad.

Sin embargo, para que el niño que corta la tarta se esmere en hacerlo de la manera más justa, debe saber que el otro es el primero que elige.

Problema de peso (Var)

Un recipiente lleno de mosto pesa 35 kg. Cuando sólo está lleno a la mitad, pesa 19 kg.

¿Cuánto pesa el recipiente sin el mosto?

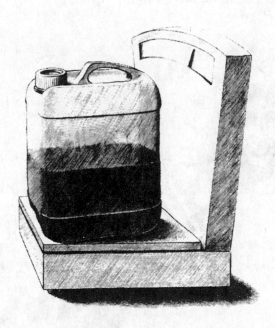

Solución

Si el recipiente lleno pesa 35 kg, mientras que lleno hasta la mitad pesa 19 kg, el resto (la mitad) del peso del mosto que se ha vaciado del recipiente tiene que ser de 35 kg - 19 kg = 16 kg. Por ello, el peso del recipiente es de 35 kg - 2 x 16 kg = 3 kg.

Competición deportiva (P)

En una competición deportiva se han clasificado cinco finalistas para los 100 metros lisos. El resultado de la carrera final es absolutamente impredecible, ya que cada uno ha batido a cada uno de los demás.

¿Cuál es el mínimo de carreras que tienen que haber hecho los cinco corredores si cada uno ya ha batido a cada uno de los demás?

¿Cuántas posibilidades hay para la clasificación final de los finalistas?

Solución

Bastan sólo 2 carreras para que de 5 deportistas cada uno haya podido batir a cada uno de los demás. Sorprendentemente esto también es válido para 100 corredores o cuantos se quiera. Si la primera de las carreras termina en el orden:

A B C D E, entonces, la segunda carrera tan sólo necesita terminar en el orden opuesto, o sea, E D C B A.

Entonces, en efecto, cada uno habrá batido alguna vez a cada uno de los demás.

En la llegada a la meta hay 5 posibilidades para el primer puesto, para el segundo puesto tan sólo 4 posibilidades, etc., mientras que el último (el quinto) sólo puede ser ocupado por un corredor.

De ese modo, hay $5 \times 4 \times 3 \times 2 \times 1 = 120$ posibilidades de configurar la llegada en la carrera final.*

---

*El producto $5 \times 4 \times 3 \times 2 \times 1$ se representa en matemáticas por 5!, y se lee «factorial de 5».

Resultados del examen (A)

Los alumnos de segundo curso de un centro docente de élite, donde ninguna clase cuenta con más de 30 alumnos, tuvieron que hacer un examen de matemáticas. La 3ª parte de los alumnos que participaron obtuvo un notable, la cuarta parte obtuvo un bien y la sexta parte obtuvo un suficiente. La octava parte de los alumnos que realizaron el examen lo suspendió.

¿Cuántos alumnos obtuvieron un sobresaliente?

Solución

El número de alumnos que participó en el examen tiene que ser un múltiplo de 6 ó de 8 (y, por ello, también de 4), para que las fracciones que aparecen en el enunciado den como resultado «números enteros» de alumnos. El único múltiplo común de estos dos números que sea menor que la cantidad de 30 alumnos es el 24.

Por esa razón, tienen que ser 24 los alumnos que participaron en el examen. De ellos,

8 alumnos obtuvieron una calificación de notable,

6 alumnos, una calificación de bien,

4 alumnos, una calificación de suficiente

y 3 alumnos, un suspenso.

Por consiguiente, el resto de los alumnos, es decir, 24 - 21 = 3 alumnos, obtuvo una calificación de sobresaliente.

Paga semanal (L)

En el camino de vuelta a casa, los 3 compañeros de colegio Tomás, Carlos e Isidoro charlan sobre su paga semanal.

Tomás no puede creer que sólo reciba la mitad de la paga de Carlos, que es apenas algo mayor que él. Isidoro ya casi ha llegado a la edad adulta, por lo que recibe dos veces más la paga de Tomás.

Los tres juntos reciben a la semana un total de 2.880 pesetas.

¿De cuánto dispone cada uno a la semana?

Solución

Si Carlos recibe el doble de lo que recibe Tomás, e Isidoro dos veces más, o sea, el triple de lo que recibe Tomás, hay que dividir en 6 partes el importe semanal total de 2.880 pesetas.

Por consiguiente, una parte consta de 480 pesetas. Tomás recibe pues 480 pesetas; Carlos, con 2 partes, 960 pesetas; e Isidoro, 1.440 pesetas como paga semanal.

Cordón mágico (J)

Manolo y Rafael están unidos por dos cordones del modo en que muestra la ilustración. Cada uno está atado por la muñeca, sin apretar, pero de modo que no puedan separarse. Los dos cordones están enlazados entre sí.

¿Qué pueden hacer Manolo y Rafael para separarse sin desatar ni romper los cordones?

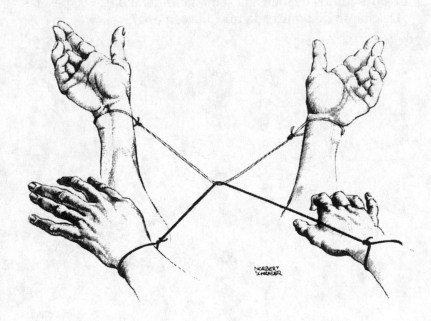

Solución

Doblamos un cordón formando una punta y la pasamos por debajo del cordón de una de las muñecas del compañero.

Después hay que pasar el cordón por encima de las puntas de los dedos de la mano y, finalmente, retirarlo por debajo de la atadura de la muñeca.

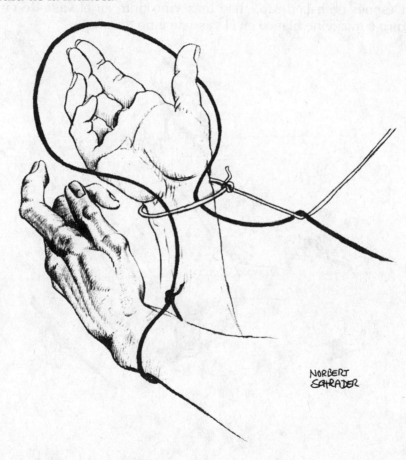

NORBERT
SCHRADER

Una cucharada (Var)

Extráigase de un vaso de vino tinto una cucharada llena y vacíese ésta en un vaso con la misma cantidad de vino blanco.

Revolver bien la mezcla resultante y verter de nuevo una cucharada en el vaso de vino tinto.

Después de hacer esto, ¿hay más vino tinto en el vaso de vino blanco o más vino blanco en el vaso de vino tinto?

Solución

Podríamos suponer que hay más vino tinto en el vaso de vino blanco que vino blanco en el vaso de vino tinto. Y es que en la segunda acción sólo se vertió vino blanco mezclado en el vaso de vino tinto, mientras que, por el contrario, en la primer acción se vertió vino tinto puro en el vaso de vino blanco.

Esta suposición es, sin duda, muy natural pero falsa, ya que las proporciones de las mezclas en las dos acciones se refieren a diferentes masas en los vasos.

En ambos vasos hay, con toda seguridad, la misma cantidad de líquido, tanto antes como después de las dos acciones. Lo que falta de vino tinto en el vaso de vino tinto después de la primera operación está, por consiguiente, en el vaso de vino blanco (¿dónde, si no?). Por esta razón, también allí tiene que faltar la misma cantidad de vino blanco, que, como es lógico, tras la operación deberá encontrarse en el vaso de vino tinto.

Dicho sencillamente: Lo que falta en un vaso del contenido originario es restituido por el líquido del otro vaso, y viceversa.

Sorprendentemente, la porción de vino tinto que está en el vaso de vino blanco corresponde exactamente a la porción de vino blanco que está en el vaso de vino tinto.

La última cerilla (J)

Dos muchachos acuerdan jugar al siguiente juego con cerillas:

Cada uno tiene que ir cogiendo por turnos 1, 2, 3, 4, 5 ó 6 cerillas de un total de 100 cerillas. Ganará aquel que consiga coger la última de las 100 cerillas.

En la última jugada también se pueden coger varias cerillas, pero no más de 6.

¿Cómo podría obtenerse ventaja en este juego para que el resultado final se decida a nuestro favor?

Solución

El futuro ganador deberá dejar al perdedor, en la última jugada de éste, exactamente 7 cerillas. Después, naturalmente, deberán ser retiradas, en la jugada siguiente, 1, 2, 3, 4, 5 ó 6 cerillas; para el jugador que juegue después quedará reservada, en cualquier caso, la jugada ganadora con la última cerilla.

Las 7 cerillas de la última jugada del contrincante pueden prepararse antes de su antepenúltima jugada, haciendo que se encuentre con 14 cerillas, etc.

Un jugador podrá pues obtener una victoria si siempre deja a su contrincante un número de cerillas que sea divisible por 7.

Más difícil resulta cuando ambos jugadores conocen esta estrategia para ganar; entonces siempre ganará aquel que pueda ejecutar la primera jugada. Sólo necesita retirar al comienzo 2 cerillas (11 - 2 = 98, y 98 es divisible por 7) y, en sus siguientes jugadas, hacer que el número de cerillas que queden después de que su contrincante haya retirado su parte sea siempre múltiplo de 7.

Testamento (D)

Las guerras nunca han traído más que dolor; con mucha frecuencia, sólo ha habido perdedores y ningún ganador. Las familias que más sufrían, sin embargo, eran las que estaban directamente implicadas. Para muchos padres que debían ir al frente, la guerra se convertía en un camino sin retorno.

Así, en una ocasión, un futuro padre previó el futuro que se le avecinaba y dispuso que sus ahorros de 14.000 reales recayeran en su mujer y en el hijo que estaba en camino. Si se trataba de un varón, tendría derecho a percibir el doble que la parte de la madre. Si era niña, sin embargo, sólo debía recibir la mitad que la madre.

Como era de esperar, el padre no regresó nunca de la guerra, y la madre dio a luz a dos gemelos, un niño y una niña.

¿Cómo había que repartir la herencia de acuerdo con los deseos del padre?

Solución

Si la madre debe recibir 1 parte, al hijo le corresponden 2 partes y a la hija 1/2 parte. En total, deben repartirse 3,5 partes.

Si dividimos 14.000 reales entre 3,5, obtenemos 4.000 reales por parte.

El hijo obtendrá pues 8.000 reales; la madre, 4.000 reales; y la hija, sólo 2.000 reales.

Velas encendidas (V)

Dos velas tienen longitudes y diámetros diferentes. Por ello, no tardan lo mismo en arder hasta derretirse por completo.

Mientras que la 1ª vela tarda como máximo 5 horas en arder, la 2ª vela se consume en 5,5 horas. La primera vela, después de 4 horas, tiene la misma longitud que la 2ª vela después de 3 horas ardiendo.

¿Qué proporción tenían entre sí las velas al principio?

Solución

Si la 1ª vela se consume en 5 horas, después de 1 hora tiene aún 4/5 de su longitud inicial, y después de 4 horas sólo 1/5.

Análogamente, después de 1 hora, la longitud inicial de la 2ª vela habrá disminuido en 1/5,5, es decir 2/11, de su longitud inicial; después de 1 hora, sólo quedarán entonces 9/11 de la 2ª vela. Según esto, después de 3 horas ardiendo, habrán desaparecido 6/11 de la 2ª vela, y sólo quedarán 5/11.

Por consiguiente, la 5/11 parte de la 2ª vela será equivalente a la 5ª parte (1/5) de la 1ª vela.

Según las reglas del cálculo de fracciones, la longitud completa de la 1ª vela corresponde a la 25/11 parte (5/11 x 5 = 25/11) de la 2ª vela.

La 1ª vela, pues, es algo más del doble de larga que la 2ª vela.

Viento en popa (Var)

Los pilotos de una carrera de aviones contrarreloj discutían entre sí, porque algunos de ellos no estaban conformes con las condiciones de despegue.

En la carrera individual, los aviones debían rodear volando un punto situado a cierta distancia del punto de partida y volver en línea recta. El gran número de participantes provocó que el concurso se prolongase durante un día entero.

El problema residía en que el boletín meteorológico había previsto para la tarde viento en la dirección de salida, mientras que por la mañana no iba a haber nada de viento.

Ni siquiera los organizadores del campeonato sabían aclarar qué aviones, si los que despegaban por la mañana o los que lo hacían por la tarde (con viento), tenían ventaja o desventaja.

Con el viento en calma, ¿hay que contar con ventaja (o desventaja) respecto a un despegue con viento?

¿No será que los aviones que despeguen con viento perderán en el viaje de vuelta (con el viento en contra) la misma ventaja ganada?

Solución

Naturalmente, esto no es así.

Dos aviones de igual potencia no tendrán la misma velocidad si uno vuela con viento y el otro sin viento. El viento en la dirección de vuelo (o próximo a la dirección de vuelo) reduce ciertamente su duración, siempre que el avión se mueva a favor del viento, pero la aumenta si la dirección del vuelo es contraria a la dirección del viento.

De todas formas —como es fácil de imaginar— la ventaja de volar con el viento a favor no equivale a la desventaja de volar con el viento en contra. Si, por ejemplo, el avión se mueve con una velocidad propia igual a la velocidad del viento, en el camino de ida la duración normal del vuelo se vería reducida a la mitad; pero el vuelo de vuelta se convertiría en una odisea, porque al avión le costaría avanzar. De ese modo, el avión que despegó sin viento podría ganar terreno y alcanzar antes la meta.

De Salamanca a Barcelona (V)

Un conductor sale a las 8.00 de Salamanca con su coche deportivo y circula en dirección a Barcelona a una velocidad de 180 km/h.

1 hora más tarde, o sea, a las 9.00, un lento utilitario sale de Barcelona, a una velocidad de 100 km/h, y se dirige a Salamanca. El recorrido total asciende a 780 km.

¿Qué coche estará más lejos de Salamanca cuando ambos se encuentren?

Solución
Cuando ambos vehículos se encuentren estarán a la misma distancia de Salamanca. ¡Está claro!

A lo sumo, uno podría preguntarse cuándo van a llegar a su destino. El coche deportivo necesita 4 + 1/3 horas, mientras que el utilitario precisa 7 + 4/5 horas recorrer 780 km.

Así, el coche deportivo llega a las 12.20 a su destino y el utilitzario lo hace a las 16.48 horas. Por otra parte, los dos coches se encuentran a las 11.08, a 565,717 km de Salamanca.

Comedores de croquetas (V)

A Francisco le encanta comer croquetas. En 1 hora es capaz de engullir hasta 32 croquetas, mientras que su hermano Carlos necesita para la misma hazaña 3 horas.

¿Cuánto tiempo necesitan los dos juntos para vaciar un plato con 32 croquetas?

¿Cuándo habrán comido 40 croquetas?

Solución

Francisco come tres veces más rápido que Carlos, por lo que la cantidad de croquetas que come tiene que ser también tres veces más grande. Tiene que comer, por consiguiente, 24 croquetas, mientras que Carlos tiene que acabar con 8 croquetas (32 : 4 = 8).

Deseamos saber el tiempo transcurrido para que Francisco haya engullido 24 croquetas y Carlos, 8. Esto sucederá evidentemente a los 45 minutos. Si son 40 las croquetas que deben comer ambos, Francisco tendrá que comer 30 croquetas y Carlos, 10. Como Francisco acaba en una hora con 32 croquetas y Carlos, sin embargo, sólo con unas 10,7, ambos necesitan para su «trabajo» $60 \cdot 30/32$ minutos = 56 minutos y 15 segundos.

Dulce vida (D)

El señor Martínez suele traer golosinas a sus 4 hijos. Hoy les trae bombones. El hijo mayor coge la mitad de los bombones y medio más, el segundo hijo mayor coge, del resto de los bombones, la mitad y medio más, el siguiente coge otra vez del resto la mitad y medio más, y el hijo más pequeño sólo recibe 2 bombones.

¿Cuántos bombones había al principio?

Advertencia: ¡Ningún bombón fue dividido por la mitad!

Solución

Lo mejor es «rebobinar» el número de bombones desde atrás; así, el tercer hijo tiene para escoger $(2 + 1/2) \times 2 = 5$ bombones, el 2º hijo $(5 + 1/2) \times 2 = 11$ bombones y el primer hijo $(11 + 1/2) \times 2 = 23$ bombones.

Cada niño recibe respectivamente 12, 6, 3 y 2 bombones.

100 cigüeñas (L)

¿Cuánto tiempo necesitan 100 cigüeñas para cazar 100 ranas, si, en 5 minutos, 5 cigüeñas cazan 5 ranas?

Solución

El principal problema aquí es el de encontrar 100 cigüeñas. Y es que cada vez hay menos cigüeñas...

Si, a pesar de todo, se consigue, entonces 100 cigüeñas sólo necesitan 5 minutos para cazar 100 ranas; y es que 1 cigüeña caza en 5 minutos exactamente una rana.

Ronda de póquer (P)

Cinco jugadores de póquer se reúnen una vez por semana para jugar una ronda de póquer. En su mesa de juego hay 6 sillas.

Tras unas cuantas veladas de juego se dan cuenta de que, hasta el momento, cada semana han estado sentados en un orden diferente.

¿Cuántas semanas, como máximo, hace que se reúnen los jugadores de póquer?

Solución

Cinco personas que deban distribuirse entre 6 sillas tienen $6 \times 5 \times 4 \times 3 \times 2$ posibilidades de hacerlo. El primer jugador de póquer puede escoger entre 6 sillas, mientras que el siguiente sólo tiene 5 posibilidades de elección, etc. Para el último sólo quedarán 2 sillas libres entre las que elegir.

Así pues, hay 720 posibilidades de que 5 personas se distribuyan en 6 sillas.

Seis personas, por cierto, no tienen mayor número de posibilidades para sentarse en 6 sillas, ya que a la 6ª persona sólo le quedará una sola silla libre para sentarse.

Para probar todas las posibilidades de sentarse, los jugadores de póquer necesitan 720 semanas, es decir, 13,8 años.

Once caballeros (P)

En el transcurso de un paseo, el señor Martínez se cruza sucesivamente con 10 amigos, todos ellos con sombrero.

a) ¿Cuántas veces se elevarán los sombreros si cada uno eleva el suyo para saludar?

b) ¿Cómo cambiará el problema si todos los caballeros provistos de sombrero se encuentran a la vez?

Una parte de los caballeros que se encontraron anteriormente durante el paseo celebran con algunas damas una fiesta de cumpleaños. En total son, nuevamente, 11 las personas.

Las 11 personas hacen un brindis con sus copas de champán: todos brindan con todos, pero sólo una vez.

c) ¿Cuántas veces podrá escucharse el tintineo de las copas?

Solución

a) Si el señor Martínez también lleva sombrero, los sombreros se elevarán en total 20 veces, en caso contrario sólo se elevarán 10 veces.

b) Entonces, evidentemente, sólo se elevarán 11 sombreros.

c) La 1ª persona brinda con otras 10; la 2ª sólo lo hará con 9 personas, ya que con la 10ª persona ya ha brindado; la 3ª persona sólo podrá brindar con 8 personas, etc., y la 10ª persona únicamente tendrá 1 posibilidad. En total, podrá escucharse 10 + 9 + +8 + 7 + 6 + 5 + 4 + 3 + 2 + 1 = 55 veces el tintineo de las copas. En matemáticas, se puede obtener la misma cantidad a través de los coeficientes binomiales:

$$\binom{11}{2} = \frac{11!}{2! \; 9!} = \frac{10 \times 11}{2} = 55$$

(11!, léase factorial de 11)

73

Trueque (L)

En una ocasión, un estudiante quería comprarse un radiocasete por 20.000 pesetas. En la tienda se dio cuenta, sin embargo, de que con el dinero que tenía sólo podía comprar una radio sencilla. Así que pagó 10.000 pesetas y obtuvo con ello una radio.

Después de unos días se arrepintió de su compra y llevó de nuevo la radio a la tienda para cambiarla por el radiocasete. Cuando el vendedor hubo empaquetado el radiocasete, quiso que le diera 10.000 pesetas por el valioso aparato.

«¿Cómo que 10.000 pesetas?», exclamó indignado el estudiante. «He pagado ya 10.000 pesetas, ahora he devuelto la radio que valía 10.000 pesetas. Eso suma un total de 20.000 pesetas, ¿no?»

El vendedor no supo qué decir ni qué hacer. ¿Qué haría usted?

Solución

Naturalmente, el estudiante no tenía razón.

Por lo que parece, al vendedor le costaba explicarse a sí mismo y, sobre todo, explicarle a su cliente que las 10.000 pesetas anteriormente pagadas no podían ser incluidas otra vez en la cuenta. Las 10.000 pesetas ya habían quedado compensadas con el valor de la radio.

Caramelos variados (P)

En un bote hay 71 caramelos de 4 sabores distintos. En la caja hay el doble de caramelos de limón que de frambuesa, 1 caramelo de leche menos que caramelos de frambuesa y 6 caramelos de uva menos que caramelos de limón.

¿Cuántos caramelos hay que coger de la caja para obtener, por lo menos, 2 del mismo sabor?

¿Cuántos caramelos hay que sacar de la caja para que los caramelos sean de, al menos, 2 sabores?

Solución

Vamos a denominar f a la cantidad de caramelos de frambuesa. Así, en la caja habrá $2f$ caramelos de limón, $f - 1$ caramelos de leche y $2f - 6$ caramelos de uva. En total tienen que haber entonces

$$f + 2f + (f - 1) + (2f - 6) = 6f - 7$$

caramelos en la caja.

De aquí puede deducirse que la cantidad h de caramelos de frambuesa tiene que ser 13, porque $6 \times 13 - 7 = 71$. Así, en la caja hay 13 caramelos de frambuesa, 26 de limón, 12 de leche y 20 de uva.

Si queremos obtener 2 caramelos, al menos, del mismo sabor, entonces habrá que sacar de la caja un mínimo de 5 caramelos.

Si tiene que haber caramelos de, por lo menos, 2 sabores, entonces habrá que sacar un mínimo de 27 caramelos.

Las caras de un dado (L)

En las caras de un dado, situado sobre una mesa, están dibujados los números 1, 2 y 3 el mismo número de veces.

Alrededor de la mesa están sentadas y distribuidas de manera regular 4 personas en el orden A, B, C y D, y cada una de estas 4 personas puede distinguir exactamente 3 caras del dado.

La persona A ve dos números iguales y un 1; la persona B ve dos veces el 2; y las personas C y D ven respectivamente 3 números distintos.

¿Qué números ve cada persona, y qué número se encuentra en la cara oculta del dado?

Solución

Si C y D ven 3 números distintos, y B puede ver dos veces un 2, entonces el 2 tiene que estar arriba.

Puesto que A ve 2 números iguales, y además un 1, A tiene que distinguir los números 1, 2 y 2 (de izquierda a derecha). Así pues, D ve los números 3, 2 y 1; C los números 1, 2 y 3; y B, por consiguiente, los números 2, 2 y 1.

De este modo, en la cara oculta del dado sólo puede estar el número 3.

El dado visto desde arriba

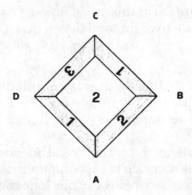

Compañeros de clase (L)

Javier, Toni y Susana son compañeros de clase, pero tienen estaturas bien diferentes. Javier es 32 cm más alto que Susana, mientras que la diferencia de estatura entre Javier y Toni es 2 cm más pequeña que la que existe entre Toni y Susana. Javier, con 195 cm de estatura, es el más alto de la clase.

¿Cuánto miden Toni y Susana?

NORBERT
SCHRADER

Solución

Si Javier mide 195 cm, Susana tiene que medir 163 cm. Por lo tanto Toni, con una estatura de 180 cm, es 15 cm más bajo que Javier y 17 cm más alto que Susana.

Embaldosadores (D)

En Alemania es frecuente que los encargados de colocar baldosas trabajen en parejas, como en el caso de Tom y Klaus. Mientras Klaus realiza trabajos auxiliares en la instalación de las baldosas (remover el pegamento, transportar herramientas, etc.), Tom hace el verdadero trabajo de embaldosador. Por ese motivo, en caso de necesidad, Tom puede trabajar sin Klaus, pero este último no puede trabajar sin su «jefe» Tom. Conforme a esa situación, Tom recibe, con 150 marcos al día, exactamente 30 marcos más que su colega Klaus.

Al finalizar las obras de un baño reciben ambos 2.190 marcos.
¿Cuánto tiempo ha trabajado cada uno en la obra?

Solución

El jornal conjunto asciende a 270 marcos. Esto significa que Tom debió trabajar algo más de 8 días (2.190 : 270 da aproximadamente 8,11) y Klaus, menos de 8 días, ya que Tom siempre trabaja cuando Klaus se encuentra en la obra. Si probamos, encontraremos rápidamente que sólo son posibles dos soluciones:

9 días (Tom) y 7 días (Klaus)
o 13 días (Tom) y 2 días (Klaus)

La paga que tiene que quedar para Klaus ha de ser divisible por su jornal de 120 marcos.

En el 1º de los casos, Tom habrá ganado 1.350 marcos y Klaus, 840 marcos; en el 2º de los casos, Tom obtendrá 1.950 marcos y Klaus, 240 marcos.

Excursión en bicicleta (D)

Cuatro amigos emprenden una excursión de varios días en bicicleta. Cuando han recorrido tan sólo unos pocos kilómetros se dan cuenta de que la bicicleta de Francisco no tiene marchas, y le cuesta mucho seguir el ritmo.

Los amigos acuerdan viajar cada uno de ellos en la bicicleta más lenta durante un solo día de la excursión e intercambiársela sucesivamente, para así repartir la desventaja de manera proporcionada. Al finalizar el viaje, cada uno debe haber recibido una vez la bicicleta más lenta de cada uno de los demás y haberla entregado igualmente una vez a cada uno de los otros.

El segundo día, Toni conduce la bicicleta más lenta, el tercer día lo hace Alberto y el cuarto día Roque.

¿Cuántos días tienen que durar el viaje para que el acuerdo pueda ser llevado a la práctica?

¿Quién conduce la bicicleta más lenta el último día?

Solución

Si cada uno de los 4 amigos debe pasar la bicicleta a los demás, entonces tienen que efectuar 4 x 3 = 12 cambios de bicicleta, ya que cada uno de los 4 tiene que pasar la bicicleta a 3 amigos. A eso hay que sumarle el primer día, cuando Francisco condujo la bicicleta.

El viaje dura pues 13 días y, como es natural, Francisco tiene que viajar en su bicicleta de nuevo el último día, ya que el último cambio recae sobre él.

Candelas (L)

¿Qué candela ilumina más?

Solución
Ninguna, todas iluminan lo mismo.

Hace años, la luz de candela (independientemente de su longitud y grosor, como es lógico) era considerada como unidad válida para medir la intensidad de la luz. La unidad de intensidad luminosa se llama todavía candela.

Lectores de periódico (Var)

Mucha gente lee el periódico cada día. De los 2.935 empleados de una gran empresa, el 70% lee *El País*; el 45%, *El Mundo*; y el 60% lee regularmente *El Periódico*.

Una cuarta parte de los lectores de periódicos de esa empresa lee *El País* y *El Mundo*; un 30% lee *El Periódico* y *El Mundo*; un 35% lee *El País* y *El Periódico*; y sólo una décima parte del personal lee regularmente los 3 periódicos.

¿Cuántos leen solamente *El País*, cuántos *El Mundo* y cuántos solamente *El Periódico*?

Solución

Para llegar a la solución con más facilidad, lo mejor es hacer 3 pasos con la ayuda de diagramas de conjuntos. Para ello, inscribiremos los porcentajes proporcionados en el texto en los diagramas correspondientes a cada periódico y después llegaremos a la solución por los porcentajes que faltan.

EL PAÍS
EL PERIÓDICO
EL MUNDO

EL PAÍS
EL PERIÓDICO
EL MUNDO

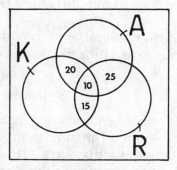
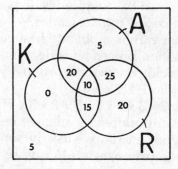

Según los diagramas, un 5% = 147 personas aproximadamente no lee ningún periódico; un 5% = 147 personas aproximadamente lee solamente *El Periódico*; un 20% = 587 personas aproximadamente lee solamente *El País*, pero nadie lee solamente *El Mundo*.

81

Caminar al mismo paso (V)

Carlos e Isidoro dan pasos de longitudes diferentes al caminar. Isidoro hace 160 pasos en 100 m, mientras que la longitud de paso de Carlos es de 75 cm. Al comienzo de un paseo ambos empiezan a caminar al mismo paso.

¿Después de qué recorrido vuelven a coincidir en el mismo paso?

Solución

El paso acompasado se volverá a producir cuando la longitud del recorrido hecho sea divisible por las longitudes de paso de ambos. Lo que hay que buscar entonces es el mínimo común múltiplo (mcm) de ambas longitudes de paso, los 625 mm de Isidoro (100 m : 160) y los 750 mm de Carlos.

O bien vamos probando hasta encontrar el mínimo común múltiplo, o bien procedemos de manera matemática mediante la descomposición en factores primos:

$625 = 5 \times 5 \times 5 \times 5 = 5^4$

$750 = 2 \times 3 \times 5 \times 5 \times 5 = 2 \times 3 \times 5^3$

Descompondremos además respectivamente los dos números, 625 y 750, en todos sus divisores —que al mismo tiempo son números primos— en lo que se denomina divisores primos. El mínimo común múltiplo se calcula luego partiendo del producto de la potencia más alta correspondiente a cada divisor primo que aparezca:

mcm $(625/750) = 2 \times 3 \times 5^4 = 3.750$

Isidoro y Carlos volverán a caminar al mismo paso después de 3.750 mm = 3,750 m.

Divisibilidad (A)

¿Por qué cifras deben reemplazarse los huecos sustituidos por letras en

19 a 9 b

para que el número de 5 cifras sea divisible por 36?

Solución

Un número será divisible por 36 si es divisible por 4 y por 9. Los números 4 y 9 tienen las siguientes reglas de divisibilidad:

I. Un número es divisible por 4 si sus dos últimas cifras (interpretadas como un nuevo número) son divisibles por 4.

II. Un número es divisible por 9 si la suma de sus cifras es divisible por 9.

Por lo tanto, según la regla I, la letra b puede ser sustituida por 2 o por 6, porque tanto 92 como 96 son divisibles por 4.

Según II, son posibles entonces las dos soluciones siguientes:

a) 19 692   y   b) 19 296

De cinco cifras (L)

¿Cuál es el número de 5 cifras más bajo cuya cifra de las decenas sea el doble que la de la unidad de mil?

Intercambiando las cifras de las centenas y de las unidades no se altera el número buscado.

Solución

Como aquí lo que se busca es el número de 5 cifras más bajo con propiedades especiales, la cifra de las decenas de mil sólo puede ser un 1; la cifra de la unidad de mil tiene que ser igualmente el 1, mientras que la cifra de las decenas, por lo tanto, tiene que ser el 2. En las dos cifras restantes sólo podremos poner el cero, dado que el número tiene que ser lo más bajo posible:

11.020

2 números (A)

Si sumamos 2 números naturales obtenemos la suma 715. Si ignoramos la última cifra —un cero— de uno de los números, obtenemos el otro número.

   ¿De qué números se trata?

Solución

Lo que se busca es un número natural de 2 cifras y otro de 3 cifras.

   Si podemos quitar el último cero del número de 3 cifras para obtener el número de 2 cifras, entonces la cifra de las unidades del número de 2 cifras y, por lo tanto, también la cifra de las decenas del número de 3 cifras, tiene que ser un 5.

   De la constelación *50 + *5 = 715, donde * representa un mismo número, resulta que hay que sustituir el asterisco por un 6. Así obtenemos:

$$650 + 65 = 715$$

Cálculo mental (A)

¡Sume las siguientes líneas de números lo más rápidamente posible; mida el tiempo, si lo desea, y compruebe así su habilidad para el cálculo mental!

a) $1 + 2 + 3 + 4 + 5 + 6 + 7 + 8 + 9 + ... + 94 + 95 + 96 + 97 + 98 + 99 + 100 =$

b) $2 - 4 + 6 - 8 + 10 - 12 + 14 - ... - 200 + 202 - 204 + 206 - 208 + 210 =$

Solución

a) Si juntamos en una suma 2 números apropiados, podemos simplificar enormemente el cálculo. La suma del primer y último número, del 2º y el penúltimo número, etc. da siempre como resultado 101; como son 100 números justos, la suma de 101 aparecerá 50 veces. La adición total tiene que dar como resultado el valor de

$$50 \times 101 = 5.050$$

b) Escribiremos los sumandos positivos y negativos por separado:

números positivos: $2 + 6 + 10 + 14 + 18 + ... + 202 + 206 + 210 =$
números negativos: $4 + 8 + 12 + 16 + 20 + ... + 200 + 204 + 208 =$
Como en la suma a calcular sólo aparece cada 2º número natural (o sea, los números pares), la suma total se compone de

$$210 : 2 = 105 \text{ sumandos,}$$

en los cuales tienen que aparecer 53 números positivos y 52 negativos, ya que el primero y el último número de la suma son positivos.

Por ello, reuniremos en la línea de los números positivos el primer sumando y el sumando 52, el 2º y el 51, etc. de modo que sumen siempre 208. De ese modo obtendremos en la línea de números positivos un valor de suma total de

$$26 \times 208 + 210 = 5.618$$

La suma de los números negativos es algo más fácil de calcular; en este caso se trata de 52 sumandos, de los que hay que reunir el primero y el 52, el 2º y el 51, etc., de manera que resulte cada vez una suma parcial de 212. Así obtendremos un valor total de suma en la línea de números negativos de

$$26 \times 212 = 5.512$$

El resultado final será el siguiente:

$$5.618 - 5.512 = 106$$

A rumbo de brújula (L)

Una expedición que se encuentra explorando algún lugar de la Tierra ha perdido la orientación.

Siguiendo el único recurso para orientarse que poseen, una brújula, la expedición se mueve, en primer lugar, 10 km en dirección sur, y después 40 km en dirección oeste; finalmente, tras una marcha de 10 km en dirección norte, los investigadores descubren que han regresado al punto de partida inicial.

¿Dónde puede hallarse la expedición?

Solución

El polo Norte se impone como respuesta. Se trata, sin duda, de una respuesta posible, pero no es la única correcta:

El punto inicial de la expedición puede encontrarse también en un círculo de un radio aproximado de 16.366 m alrededor del polo Sur. Si empezamos a andar, a partir de un punto cualquiera de este círculo, 10 km en dirección sur, entonces nos encontraríamos a 6.366 m al norte del polo Sur. En este emplazamiento, la circunvalación de la tierra (en un radio de 6.366 m) es exactamente de 40 km (el perímetro de un círculo de radio = 6.366 se calcula mediante la fórmula $2 \cdot \pi \cdot r$.

Por ello, la caminata de 40 km en dirección oeste (u este) conduce de nuevo a este punto, y una marcha posterior de 10 km en dirección norte conduce de nuevo al punto de partida inicial.

Tijeras discontinuas (J)

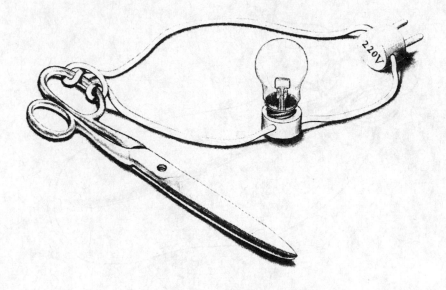

¿Cómo podrá liberarse la tijera del circuito eléctrico sin que se apague la lámpara, es decir, sin que se interrumpa la corriente?

Solución

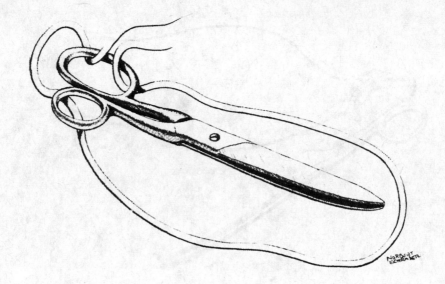

Estímulo (A)

Un padre quiere conseguir que su hijo saque mejores notas en el colegio. Por propia experiencia, sabe que es posible sacar provecho durante bastante tiempo del esfuerzo realizado para obtener una nota brillante; a un sobresaliente o un notable le siguen, por lo general, otros que, a su vez, motivan a realizar nuevas «hazañas».

Por este motivo, hace a su hijo la siguiente propuesta: «Por la próxima calificación de notable o sobresaliente recibirás 2.000 pesetas, y por las que sigan, la mitad del importe anterior.» En un primer momento, el hijo está de acuerdo; más tarde rechazará, sin embargo, esta generosa oferta porque, a su juicio, el padre quedaría inmediatamente en la ruina por culpa de su empeño en que estudie.

¿Realmente puede volverse tan pobre el padre por esta oferta?

Solución

Si damos por supuesto que el hijo dedica todo su esfuerzo, con un celo impresionante, a sacar calificaciones de notable o incluso sobresaliente, el padre, sorprendentemente, no necesitará invertir nunca más de 4.000 pesetas, ya que la inmensa suma de

2.000 pesetas + 1.000 pesetas + 500 pesetas + 250 pesetas + 125 pesetas + 62,5 pesetas + ...

no sobrepasará nunca el valor límite de 4.000 pesetas.

Podemos comprobar la veracidad de esta afirmación si calculamos la suma parcial hasta el 6º miembro, por ejemplo; después le siguen sumandos aún menos relevantes. La suma de los seis primeros miembros es de 3.936 pesetas.

Guantes y calcetines (P)

En un armario hay 6 guantes que sirven tanto para la mano izquierda como para la derecha, y 9 calcetines prácticamente idénticos.

¿Cuántas prendas de ropa habrá que sacar del armario para obtener 1 par de guantes o de calcetines? ¿Y 3 pares? ¿Cuándo obtendremos con seguridad 4 pares de calcetines?

Solución

Para obtener un par de guantes o de calcetines hay que sacar, por lo menos, 3 prendas. Para obtener 3 pares se necesitan, por lo menos, $3 \times 2 \times 2 - 1 = 11$ prendas. En el peor de los casos, los 4 pares de calcetines no saldrán hasta el penúltimo intento; por consiguiente, se necesitan 14 prendas.

Travesía a nado (D)

Dos amigos que son igual de buenos nadadores quieren cruzar un lago. Disponen de un bote muy pequeño, que sólo es capaz de transportar a uno de los dos.

Así que se ponen a pensar en el modo más rápido de cruzar el lago, y también de llegar al mismo tiempo a la otra orilla.

Solución

La velocidad de la travesía depende, como es lógico, de la velocidad del bote y de la velocidad del nadador.

Si las dos velocidades son iguales, entonces da exactamente igual quién de los dos vaya en el bote y quién nade.

Por regla general, sin embargo, la velocidad del barco suele ser mayor que la velocidad de nado; si los dos deben llegar a la orilla al mismo tiempo, se comprende que debe tener lugar un relevo en el lago.

La solución sería que uno de los amigos viajara en el bote hasta la mitad del lago, abandonara el bote (echando, en caso necesario, el ancla) y continuase a nado. El 2º amigo, que habría recorrido a nado la 1ª mitad del lago, podría continuar el viaje a mayor velocidad después de llegar al bote y dar posteriomente alcance al nadador en la otra orilla. Realizando el relevo en mitad del lago, se compensan la velocidad del bote y la menor velocidad de nado, independientemente de la magnitud de ambas velocidades o de la diferencia que exista entre ellas.

De esta manera, además, también podrían cruzar el lago 3 o más amigos; si son 3 los amigos, el primero que viaje en el bote tendrá que cederlo a otro cuando haya recorrido un tercio del trayecto, y continuar a nado. El cambio entre el segundo y el tercer conductor del bote deberán realizarlo cuando hayan recorrido el segundo tercio del trayecto.

Si cada conductor abandona el bote en el lago y continúa a nado, los 3 amigos llegarán al mismo tiempo a la otra orilla.

94

Suma de signos (A)

¿Qué significado tiene cada signo en el esquema aritmético inferior?

Se trata de números enteros positivos escritos en clave; los mismos signos representan también el mismo número.

a)
$$\bigcirc + \triangledown = *$$
$$+ \quad + \quad +$$
$$\bigcirc + \bigcirc = \triangle$$
$$\overline{\quad\quad\quad\quad\quad}$$
$$\triangle + * = 9$$

b)
$$\bigcirc + \triangle = *$$
$$+ \quad + \quad +$$
$$\triangle + \square = \bigcirc$$
$$\overline{\quad\quad\quad\quad\quad}$$
$$* + \bigcirc = 13$$

Solución

a) El número situado sobre el 9 tiene que ser par, ya que aparece representado como resultado de una adición de dos términos idénticos. Así, Δ sólo puede significar 2, 4, 6 u 8. A la vista de la 1ª línea, no puede tratarse ni de un 8 ni de un 6, ya que si no, la suma superior sería, con toda seguridad, mayor que 1 o que 3. Por ello, resultan las dos soluciones siguientes:

$$
\begin{array}{ccccc}
1 & + & 6 & = & 7 \\
+ & & + & & + \\
1 & + & 1 & = & 2 \\
\hline
2 & + & 7 & = & 9
\end{array}
$$

y

$$
\begin{array}{ccccc}
2 & + & 3 & = & 5 \\
+ & & + & & + \\
2 & + & 2 & = & 4 \\
\hline
4 & + & 5 & = & 9
\end{array}
$$

b) Según la 1ª línea, * tiene que ser mayor que ○, ya que * aparece como resultado de una suma con ○. Por ello, * sólo puede representar a los números 7, 8, 9, 10, 11 o 12. Por otra parte, * no puede ser los números 9, 10, 11 y 12, ya que ○ se forma de la diferencia de * - ○ y la adición de otro número (así, * - ○ = Δ, y Δ + □ = ○). Por ello sólo son posibles las dos soluciones siguientes:

$$
\begin{array}{ccccc}
6 & + & 1 & = & 7 \\
+ & & + & & + \\
1 & + & 5 & = & 6 \\
\hline
7 & + & 6 & = & 13
\end{array}
$$

y

$$
\begin{array}{ccccc}
5 & + & 3 & = & 8 \\
+ & & + & & + \\
3 & + & 2 & = & 5 \\
\hline
8 & + & 5 & = & 13
\end{array}
$$

Peso corporal (L)

Mario y José están sentados en la barra de un bar y charlan sobre sus pesos corporales. Mario revela enseguida su peso real; José, sin embargo, que es muy orgulloso y por otra parte le cuesta mucho hablar de ello debido a su gran masa corporal, sólo confiesa en clave algunos de sus datos personales: «¡Yo peso 70 kg y la mitad de mi peso!»

Mario se estruja la cabeza tratando de adivinar el acertijo, y finalmente descubre el peso de José. ¿Y usted?

Solución

Si José pesa 70 kg y la mitad de su peso, entonces los 70 kg representan la otra mitad del peso. Por tanto, José pesa 140 kg.

División ilegible (A)

Por un descuido, algunas cifras de un manuscrito matemático se han vuelto ilegibles.

No obstante, se dispone de poco tiempo para la edición del libro, por lo que no es posible obtener la información del autor.

¿Puede el lector reconstruir las cifras originales a partir de las que aún son legibles?

```
4 * * *  :  * * = 1 * *          * * * *  :  * * = * * *
2 8                              8 6
─────                            ─────
* 5 6                            * * *
* * *                              8 6
                                 ─────
  * * *                          * * *
  * * *                          3 8 7
─────                            ─────
    0                              0
```

Solución
Sí es posible:

```
4 3 6 8  :  2 8 = 1 5 6         9 8 4 7  :  4 3 = 2 2 9
2 8                             8 6
─────                           ─────
1 5 6                           1 2 4
1 4 0                             8 6
─────                           ─────
  1 6 8                           3 8 7
  1 6 8                           3 8 7
─────                           ─────
    0                             0
```

Carrera desigual (V)

Tres amigos quieren organizar una carrera. Como uno de los amigos posee una bicicleta de carreras especialmente buena y, además, participa en carreras para un club de ciclistas de vez en cuando, mientras que otro, por el contrario, acaba de aprender a montar en bicicleta, parece difícil que una carrera así sea justa.

Después de muchas discusiones, finalmente dan con una manera de empezar una carrera aparentemente justa, pero con un incierto resultado final.

Según establecen ellos mismos, los 3 amigos deben recorrer un trayecto de 50 km. El corredor aficionado a las carreras participará en equipo con el ciclista principiante contra el tercero de los 3 participantes. Mientras que este último deberá recorrer en solitario los 50 km, los otros dos se relevarán a mitad del trayecto.

¿Quién ganará la carrera si el principiante sólo sabe correr la mitad de rápido de lo que va el segundo mejor ciclista (el tercer muchacho), y el corredor aficionado va cuatro veces más rápido de lo que va el principiante?

Solución

Según el planteamiento del problema, resulta fácil darse cuenta de que tanto la longitud del trayecto como la velocidad de cada ciclista carecen de relevancia.

Si el ciclista principiante necesita z minutos para la 1ª mitad del trayecto, su compañero, el corredor aficionado, necesitará 1/4 x z minutos para la 2ª mitad. El tercer ciclista, no obstante, realizará todo el recorrido en z minutos.

Así pues, el más lento de los ciclistas necesitará para su mitad (independientemente de si hace la 1ª o la 2ª mitad) exactamente el mismo tiempo que necesita el segundo mejor ciclista para el trayecto total.

El tercer corredor ya estaría en la meta cuando el corredor aficionado comenzase la carrera (si lo hiciera en 2º lugar); por eso, él y su compañero perderán la carrera, independientemente de quien de los dos salga el primero.

Baño fortuito (P)

En una pequeña ciudad hay 2 nuevas piscinas cubiertas.

Una mujer jubilada que desea ir a la piscina una vez por semana deja al azar a cuál de las piscinas va a ir cada semana. En el último minuto, una vez que se encuentra en la estación de autobuses, decide ir siempre a la piscina a la que lleve el primer autobús que pase.

La mujer espera con ello visitar con regularidad tanto una piscina como la otra, ya que los autobuses que parten de la estación se dirigen a ambas piscinas con la misma frecuencia.

A finales de año se da cuenta, sin embargo, de que en total sólo ha estado 5 veces en la piscina de la ciudad, y 45 veces en la piscina de aguas termales.

Según las reglas del cálculo de probabilidades, ¿es posible?

Solución

Sí, es posible.

Podría ser a causa del itinerario de los autobuses. El tiempo de espera entre 2 autobuses de la misma línea tiene que ser 9 veces mayor en uno de los casos.

Si los autobuses que se dirigen a la piscina de aguas termales parten aproximadamente cada 10 minutos, o sea, por ejemplo, a las 13.00, a las 13.10, a las 13.20, a las 13.30 horas, etc., las horas de salida para la piscina de la ciudad podrían ser las 13.01, las 13.11, las 13.21, las 13.31 horas, etc.

La probabilidad de coger al azar un autobús de la línea termal es, por consiguiente, 9 veces mayor que la probabilidad de coger un autobús de la línea de la ciudad, porque los tiempos de espera están distribuidos de ese modo.

En la variación está el gusto (A)

¿Cómo podemos presentar el número 100 con las 10 cifras (del 0 al 9) de 3 maneras diferentes?

Cada número sólo podrá aparecer una vez en cada relación.

Solución

1) $0 + 1 + 2 + 3 + 4 + 5 + 6 + 7 + (8 \times 9) = 100$
2) $49\,^1/_2 + 50\,^{38}/_{76} = 100$
3) $1\,^3/_6 + 8\,^{27}/_{54} + 90 = 100$

Geometría con cerillas (J)

¿Cómo podemos colocar 6 cerillas de manera que resulten 4 triángulos equiláteros?

Ninguna de las cerillas puede ser doblada.

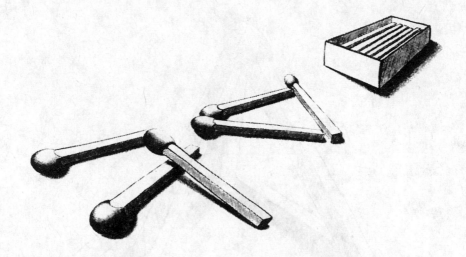

Solución

Formaremos con las 6 cerillas un tetraedro.

El tetraedro es uno de los 5 cuerpos regulares. Sus caras son 4 triángulos equiláteros.

Jardín de cordones (Var)

¿Sabría atarse el zapato de esta manera?
¿Cómo hay que pasar el cordón por el interior del zapato?

Solución

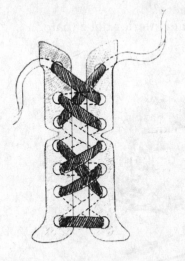

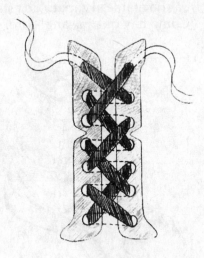

INTERIOR DEL ZAPATO
IZQUIERDO

INTERIOR DEL ZAPATO
DERECHO

Tríada (L)

Un campesino vuelca un montón de estiércol sobre otros tres. ¿Cuántos montones de estiércol resultan?

Al que le resulte demasiado fácil esta pregunta, que responda en su lugar a la siguiente:

Una familia es prolífica en hijos. De los 7 hijos varones de la familia, cada uno tiene una hermana.

¿Con cuántas personas cuenta la familia?

Quien aún piense que no se le ha exigido lo suficiente, que se dedique a la siguiente pregunta:

El 1-II-1984 fue miércoles, asimismo el 29-II-1984.

¿Ve algo extraño en ello?

¿Cuándo volverá a darse un febrero con características similares?

Soluciones

a) 1 montón de estiércol.

b) Si el padre y la madre viven, la familia cuenta con 10 personas.

c) El mes de febrero de 1984 tuvo 5 miércoles. Como solamente en los años bisiestos puede aparecer cinco veces un mismo día de la semana en febrero, este acontecimiento (con 5 días que sean miércoles) se repetirá cada 7 años bisiestos, ya que el 29 de febrero de cada año bisiesto siguiente caerá, respectivamente, en un día diferente de la semana: jueves, viernes, sábado...
En el año 2012 podremos volver a contar con un miércoles 5 de febrero.

Los zapatos de Elsa (P)

La pequeña Elsa tiene que ordenar el armario de los zapatos. Contiene 10 pares de zapatos de invierno y 12 pares de zapatos de verano.

A Elsa, sin embargo, le gusta más «pescar» al azar los zapatos del armario que implantar el orden de una vez por todas.

¿Cuántos zapatos tiene que coger a ciegas del armario para obtener con seguridad
a) 2 pares de zapatos de invierno (que concuerden)?
b) todos los zapatos de verano?

Solución

a) Tiene que sacar, por lo menos, 31 zapatos del armario para obtener con seguridad 2 pares de zapatos de invierno, ya que, en el peor de los casos, en primer lugar saldrán a la luz los 24 zapatos de verano y, después, 5 zapatos diferentes de invierno. Los zapatos números 30 y 31, a lo sumo, completarían el primer y último par de zapatos de invierno.

b) Hay que sacar todos los zapatos del armario. En este caso valdría realmente la pena ordenarlos.

El pequeño Juan (L)

Juanito cumplirá 10 años el próximo año. Dentro de 11 años habrá alcanzado la mitad de la edad media de sus padres. Su madre es tan sólo 17 años mayor que él.

¿Cuántos años tienen el padre y la madre de Juanito?

Solución

Juanito tiene ahora 9 años; dentro de 11 años tendrá 20; si con ello habrá alcanzado la mitad de la edad media de sus padres, esta edad de 20 años corresponderá a la 4ª parte de la suma de las edades de su padre y de su madre. Dentro de 11 años, por consiguiente, el padre y la madre sumarán juntos 80 años.

Actualmente, sin embargo, la madre es tan sólo 17 años mayor que Juanito; según esto, cuando Juanito tenga 20 años, su madre tendrá que tener 37. En ese momento el padre tendrá 43 años. La madre de Juanito tiene ahora 26 años, y su padre 32.

Artesano a la fuerza (Var)

Un artesano de bricolaje quiere instalar una lámpara en el sótano de su casa. El sótano es un paralelepípedo con las medidas 3 x 6 x x 2,5 metros.

Pero dispone de muy pocos metros de cable eléctrico. Por razones económicas, el cable debe colocarse sobre el enyesado y debe instalarse como ramificación de un enchufe situado en mitad de la pared, lo más cerca posible de éste.

¿Cómo tiene que trasladar el electricista aficionado el cable desde el enchufe, si el cable debe ser lo más corto posible y la lámpara debe colgar en la mitad de la pared opuesta?

El enchufe está instalado a 0,5 m del suelo, la lámpara debe quedar a 0,2 m del techo. La pared donde está el enchufe tiene 3 m de ancho y 2,5 m de alto.

Solución
Podemos llegar a la solución de manera gráfica, si dibujamos la habitación del sótano como un circuito eléctrico en forma de paralelepípedo.

La superficie de la pared sobre la que debe instalarse la lámpara puede dibujarse de 4 maneras diferentes en la cara frontal del circuito eléctrico.

Si unimos el enchufe esbozado con la posición fija de la lámpara de las 4 maneras resultantes, podremos comprobar las distintas longitudes de los recorridos de conexión y, con ello, los diferentes cables eléctricos de distinta longitud.

Como podemos medir en una representación a escala o calcular con la ayuda del teorema de Pitágoras, el cable que va por el camino *c* es, en efecto, el más corto.

A continuación hay que conducir el cable eléctrico; en primer lugar, transversalmente por el suelo; después, casi en diagonal por una pared; finalmente, de manera transversal por el techo hasta la pared opuesta.

Los recorridos corresponden a las siguientes longitudes:

a) 8,80 m   b) 8,86 m   c) 8,67 m   d) 10,76 m

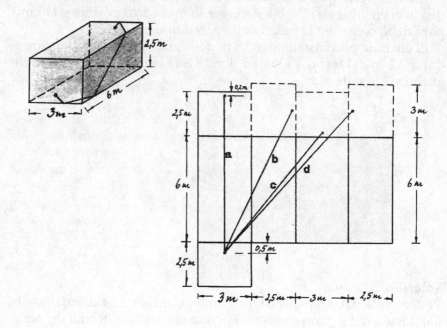

Agujero para el dinero (J)

Quien tenga a mano una moneda de 25 pesetas (del tipo anterior a las agujereadas) debería intentar alguna vez hacerla pasar por un agujero con un diámetro de 20 mm.

Lo mejor es que recorte en un trozo de papel un agujero con la medida indicada e intente pasar la moneda por el agujero sin rasgar el papel. ¡Es muy fácil!

Solución

Una moneda de 25 pesetas posee un diámetro de 27 mm, y el agujero dibujado sólo tiene un diámetro de 20 mm. A pesar de eso, es posible introducir la moneda por un agujero de ese tamaño en el papel.

Para ello, doblaremos la hoja de papel por la mitad del agujero y dejaremos caer la moneda por las dos mitades de la hoja, que estarán unidas si levantamos los extremos de las mismas.

Con ello, el espacio por el que debe «escurrirse» la moneda aumentará hasta el espacio necesario de más de 27 mm.

Con otras monedas hay que tener cuidado de que la mitad del perímetro del agujero tiene que ser algo mayor que el diámetro de la moneda. El agujero representado aquí tiene un diámetro de 20 mm y la mitad de su perímetro es de 31,4 mm $2 \cdot \pi \cdot r$.

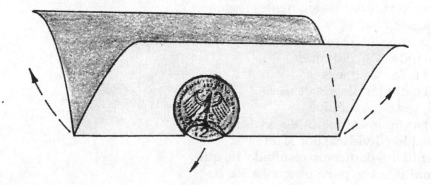

Magia con números (A)

Este esquema reproduce parcialmente un «cuadrado mágico» de números, es decir, una combinación de números que posee ciertas propiedades. Complete las líneas de números y descubra todas las regularidades de este «cuadrado mágico».

	4	8	
2			14
1		6	
12	7	11	0

Solución

La suma de la línea inferior asciende a 30; por consiguiente, completaremos en primer lugar la 1ª columna, después la 1ª línea, y después la 4ª columna de manera que resulte siempre una suma de 30. A continuación resultará fácil encontrar los 3 números que faltan en el centro. El cuadrado mágico de números ya completo muestra ahora las siguientes regularidades:

15	4	8	3
2	9	5	14
1	10	6	13
12	7	11	0

La suma de 30 resulta en
a) todas las columnas
b) todas las líneas
c) todas las diagonales
d) todas las esquinas
e) todos los números de las esquinas pueden dividirse por 3; una vez sumados dan como resultado 10, que multiplicado por 3 es igual a 30.

f) los dos cuadrados de la mitad de las líneas superior e inferior $(4 + 8 + 7 + 11 = 30)$ y de las columnas izquierda y derecha $(2 + 1 + 14 + 13 = 30)$

g) las esquinas de los 4 cuadrados de 3 líneas contenidos:
$(15 + 8 + 1 + 6 = 30,$
$4 + 3 + 10 + 13 = 30,$
$2 + 5 + 12 + 11 = 30,$
$9 + 14 + 7 + 0 = 30)$

h) los pares de números situados diagonalmente:
$(2 + 4 + 11 + 13 = 30,$
$8 + 14 + 1 + 7 = 30)$

i) los 4 recuadros centrales:
$(9 + 5 + 10 + 6 = 30)$

Más magia con números (A)

En el siguiente cuadrado mágico, la suma mágica es el número 45.

	20		
11		10	
18			
	9	13	

¡Complete el cuadrado!

Solución

Empezaremos por el tercer número de la 1ª línea: tiene que completar la suma de 20 + 9 + 13; por consiguiente, será el 3.

Ahora habrá que completar la 3ª columna. Según la operación 45 - 3 - 10 - 13, el número que falta es el 19.

También la suma de 11 + 20 + 13 puede completarse de manera que resulte 45: aquí falta, por lo tanto, el 1.

Por fin pueden completarse también la 3ª línea, la 2ª columna, la 2ª línea, la 4ª columna, la 4ª línea y la 1ª línea:

5	20	3	17
11	9	10	15
18	7	19	1
11	9	13	12

Aún más magia con números (A)

Ahora habrá que confeccionar un cuadrado mágico de orden 5 con ayuda de indicaciones sobre los números.

La constante del cuadrado es 60. Escriba para ello en cada espacio numerado el número de una o dos cifras que resulte de la correspondiente indicación. Los espacios vacíos pueden encontrarse partiendo de la magia del cuadrado:

1. Frontera entre números positivos y negativos
2.
3. Dos semanas
4. Factorial de tres
5. Mañana es Nochebuena
6. El tercer cubo
7.
8. Los Reyes Magos
9.
10. Los apóstoles
11.
12.
13. Las maravillas del mundo
14.
15. Un solo
16.
17. Un cuarteto
18.
19.
20.
21. Fútbol
22. Octaedro
23.
24. Un par
25. Casi dos decenas

1	2	3	4	5
6	7	8	9	10
11	12	13	14	15
16	17	18	19	20
21	22	23	24	25

Solución

0	17	14	6	23
9	21	3	15	12
18	10	7	24	1
22	4	16	13	5
11	8	20	2	19

Problema de edad (L)

Un abuelo afirma acerca de sí mismo, de su hijo y de su nieto:

«Mi hijo es 24 años más joven que yo, y 35 años mayor que mi nieto. ¡Todos juntos sumamos 100 años!»

¿Cuántos años tiene la abuela?

Solución

Tiene usted toda la razón: ¡La edad de la abuela no puede calcularse!

Pero sí se puede concluir lo siguiente acerca de las edades de los 3 caballeros:

Supongamos por un momento que el hijo y el nieto tienen la misma edad que el abuelo. Claro está que esto es imposible, pero sirve de ayuda para encontrar la solución. Entonces, si los tres tuviesen la misma edad, el triple de la edad del abuelo tendría que ser justamente 100 años.

Pero sabemos que el hijo es 24 años más joven, y el nieto incluso 59 años más joven. Por lo tanto, obtendremos la edad del abuelo si dividimos por 3 la suma (100 + 24 + 59 = 183).

Por esa razón, el abuelo tiene 61 años, el hijo 37 años y el nieto 2 años.

Aceleración (V)

Un representante comercial recorre el trayecto de 40 km de la ciudad A a la B con su veloz automóvil. Por desgracia, al principio sólo puede avanzar muy lentamente, ya que la carretera está atascada debido a las obras de mejora de carreteras. Viaja los primeros 20 km a una velocidad media de 30 km/h.

¿A qué velocidad tendrá que recorrer los restantes 20 km para alcanzar, en el trayecto total de A a B, una velocidad media de 60 km/h?

Solución

No lo podrá conseguir ni con un cohete.

Para los primeros 20 km necesita 2/3 de hora = 40 minutos, ya que ha viajado a una velocidad de 30 km/h. Si quería recorrer 40 km a una velocidad media de 60 km/h, hubiera necesitado para ello igualmente 40 minutos, que —como hemos visto— ya han trancurrido durante los primeros 20 km.

Campeonato de tenis (L)

Los campeonatos regionales de tenis plantean cada año muchas exigencias a la ajetreada dirección del torneo.

De los 100 jugadores de tenis que participan tiene que salir el campeón mediante el sistema de eliminatoria: en el momento en que un jugador pierde un encuentro, éste es eliminado.

¿Cuántos partidos tienen que disputarse para hallar un ganador?

Solución

En primer lugar, una solución algo matemática:

Cien jugadores disputan 50 encuentros, de los que resultan 50 ganadores para la siguiente ronda. De estos saldrán 25 ganadores. Los jugadores que aún quedan necesitan 12 juegos para hallar a 12 ganadores para la siguiente ronda; con ello, a 1 jugador le habrá caído en suerte un juego. Los 12 jugadores se enfrentarán entonces en 6 juegos para a continuación seleccionar, en 3 juegos, a los 3 últimos ganadores.

Ahora vuelve a incorporarse el jugador al que le había caído un juego en suerte. Los últimos 4 jugadores necesitan 2 juegos para encontrar al finalista. De la final saldrá finalmente el vencedor absoluto.

Con todo ello se habrán disputado $50 + 25 + 12 + 6 + 3 + 2 + 1 = 99$ juegos.

Pero, ¿qué opina usted del siguiente razonamiento?:

Si lo que se busca es un campeón de entre 100 jugadores, entonces habrá, como es lógico, 99 perdedores. Cada perdedor es eliminado exactamente en un encuentro; por consiguiente, se necesitarán 99 encuentros.

Problema de transvase (Var)

¿Cómo podemos sacar de un barril 1 litro de sidra con una jarra de 3 l y otra de 5 l?

Solución

Llenaremos de sidra la jarra de 3 l, vaciaremos el contenido en el recipiente de 5 l, sacaremos de nuevo sidra con la jarra de 3 l y la verteremos en el recipiente de 5 l, pero esta vez sólo hasta donde sea posible vaciar.

Cuando el recipiente de 5 l esté lleno hasta la marca de medida, habrá exactamente 1 l de sidra en la jarra de 3 l.

Adición múltiple (A)

¿Qué números deben sustituir a *a* y *b* de manera que resulte una operación de adición correcta?

```
            a
   +      bbb
   +      bbb
   +      bbb
   +      bbb
   ─────────────
          abbb
```

Ahora es más difícil; aquí también se buscan cifras para las letras *a*, *b*, *c* y *d*. Para que no se rompa la cabeza demasiado tiempo, aquí tiene un dato:

```
        abbbc          a = 1/2 x d
   +    dddd           b = 3/2 x d
   +    dddd           c = 2   x d
   +    dddd
   +    dddd
   ─────────────
        ddddd
```

Solución

Los problemas planteados no tienen una solución única. Más exactamente: el primer ejercicio posee 3 soluciones, y el 2º ejercicio, 2 soluciones:

a)

	1		2		3
+	333	+	666	+	999
+	333	+	666	+	999
+	333	+	666	+	999
+	333	+	666	+	999
	1333		2666		3999

b)

	13334		26668
+	2222	+	4444
+	2222	+	4444
+	2222	+	4444
+	2222	+	4444
	22222		44444

Porcedes-GT (L)

Dos expertos en coches deportivos discuten sobre el deportivo Porcedes. El Porcedes se fabrica en dos versiones, GT y Coupé. El modelo Coupé se reconoce por los dobles faros, mientras que el Porcedes GT ostenta dos faros simples en la parte delantera. Hay modelos de Porcedes con un solo tubo de escape, y otros con 2.

Durante su enérgica discusión, ambos adversarios pueden ver 4 Porcedes, 2 de ellos por delante y 2 por detrás. La otra parte de cada uno no puede ser reconocida por ninguno de los dos.

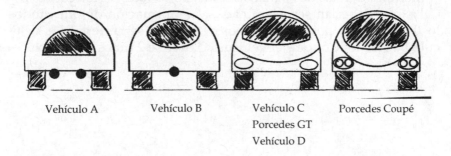

Vehículo A   Vehículo B   Vehículo C   Porcedes Coupé
                            Porcedes GT
                            Vehículo D

¿Cuáles dos de estos 4 vehículos deberían ser vistos por la otra cara para poder decir con seguridad que cada Porcedes-GT posee 2 tubos de escape?

125

Solución

La solución ciertamente no es fácil; tiene que examinar detenidamente la pregunta y reflexionar.

La afirmación de que cada modelo de Porcedes GT posee 2 tubos de escape no contradice, por ejemplo, la constatación de que el vehículo A (que posee 2 tubos de escape) sea un Porcedes Coupé. Por ello, la parte trasera del vehículo A carece de relevancia para nuestro problema.

Ya que no es por los coupés por lo que se pregunta, tampoco la parte trasera del coche D tiene interés para nosotros.

Más bien son las dos caras opuestas no visibles de los coches B y C las que deberían ser examinadas. La afirmación de que «todos los Porcedes GT poseen dos tubos de escape» sería cierta si el vehículo B fuese un Coupé y el vehículo C tuviese 2 tubos de escape.

Gemelas (L)

Lo único que se sabe de las gemelas llamadas Andrea y Sofía es que Andrea siempre miente y Sofía sólo dice la verdad.

   ¿Con qué pregunta, dirigida a una de las dos niñas, podríamos comprobar quién de las dos es Andrea y quién Sofía?

Solución

La manera más sencilla de resolver el problema sería plantear una pregunta que podamos comprobar inmediatamente, como por ejemplo: «¿Hace sol?»

Si ese día hace realmente sol, entonces Andrea contestará con un «no» y Sofía, por el contrario, contestará con un «sí».

Otra posiblidad de descubrir a la auténtica Sofía o Andrea sería plantear a ambas mellizas la pregunta:

«¿Sofía dice la verdad?»

o bien:

«¿Andrea dice la verdad?»

Según muestra la tabla, de ambas respuestas puede concluirse a cuál de las mellizas se hizo la correspondiente pregunta:

A la pregunta	Sofía responde	Andrea responde
¿Sofía dice la verdad?	Sí	No
¿Andrea dice la verdad?	No	Sí

Cerezas a cambio de fresas (L)

Un barril de vino pesa 120 kg, una caja de fresas pesa 36 kg.

¿Cuánto pesan entonces 1 bandeja de cerezas y un saco de patatas, si el saco de patatas y la caja de fresas pesan juntos lo mismo que el barril de vino y la bandeja de cerezas?

Por otra parte, 2 bandejas de cerezas pesan lo mismo que una caja de fresas.

Solución

Cada bandeja de cerezas pesa pues 18 kg. Por lo tanto, 1 saco de patatas y 2 bandejas de cerezas tienen que pesar lo mismo que 1 barril de vino y 1 bandeja de cerezas.

Según eso, 1 saco de patatas y 1 bandeja de cerezas tienen que pesar lo mismo que 1 barril de vino.

El saco de patatas pesa pues 120 kg - 18 kg = 102 kg.

La solución matemática de este problema es la siguiente:

P = patatas, F = fresas, C = cerezas, V = vino; entonces

$$P = 120 - 18 = 102 \text{ kg}$$

$$\left.\begin{array}{l} P + F = C + V \\ 2\,C = F \end{array}\right\} \Rightarrow P + 2\,C = C + V \Rightarrow P = V - C$$

Acertijo para paladares finos (P)

En una caja hay bombones de distintos gustos: 9 de nuez, 11 de avellana y 3 de almendra.

¿Cuántos bombones habrá que sacar de la caja para estar seguro de que habrá

a) 3 bombones de distinto sabor?
b) 3 bombones de avellana?
c) 3 bombones de almendra?

Solución

a) En el peor de los casos se sacarán de la caja, en primer lugar, los 9 bombones de nuez y los 11 de avellana. Esto supone 20 bombones de 2 sabores diferentes. Finalmente, el bombón número 21 tiene que ser del tercer sabor.

b) 15 bombones, ya que, en el peor de los casos, entre 12 bombones (9 + 3) no tiene por qué haber ningún bombón de avellana.

c) Entonces habrá que sacar todos los bombones de la caja, ya que entre 20 bombones no tiene por qué aparecer ningún bombón de almendra.

Rejilla de ventilación (Var)

Un carpintero ordena a su joven aprendiz serrar en una plancha de madera 10 ranuras paralelas e igual de largas para la ventilación de un armario de pared.

El aprendiz se pone manos a la obra. Una vez terminado el encargo se da cuenta, sin embargo, de que no son 10 sino 11 las ranuras que ha cortado en la valiosa plancha de madera.

Mientras el carpintero y su joven aprendiz se quedan boquiabiertos ante la plancha de madera, el cliente ha encontrado rápidamente una posibilidad de obtener con la tabla serrada otra con las características deseadas.

¿Cómo es posible?

Solución

El carpintero tiene que serrar la plancha de madera a lo largo de la línea de puntos, o sea, diagonalmente.

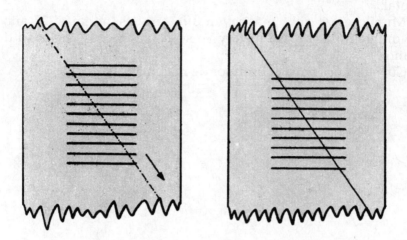

Si a continuación desplaza la mitad derecha de la plancha hacia abajo (en la dirección de la flecha), paralelamente a la línea de corte, obtendrá una plancha con 10 ranuras de ventilación, aunque un poco más largas. El carpintero puede volver a pegar las 2 planchas de manera que resulte una sola.

El profesor de matemáticas (L)

En una ocasión, un profesor de matemáticas tenía que confesar su edad. Pero no quería hacerlo directamente, sino con un problema mental:

«Mi hijo es 24 años más joven que yo y es, además, 25 años mayor que mi nieto. ¡Mi nieto y yo sumamos juntos una edad de 73 años!»

¿Cuántos años tenía el profesor de matemáticas?

Solución

Si el abuelo y el nieto suman juntos una edad de 73 años y se diferencian por una edad de 24 + 25 = 49 años, entonces la suma de estas dos edades corresponde exactamente al doble de la edad del abuelo.

Esto es, la edad del abuelo es el valor medio (media aritmética) de 73 y 49, ya que la edad del anciano caballero tiene que resultar, por una parte, de la adición con la edad del nieto, de manera que ambas sumen 49, y por otra parte, de la resta de la edad del nieto del número 73.

El abuelo tiene, por lo tanto, (73 + 49) : 2 = 61 años, el padre 61 - - 24 = 37 años y el nieto tan sólo 37 - 25 = 12 años.

La solución matemática es la que sigue:

x es la edad del abuelo; y, la del nieto

$$x + y = 73 \quad \text{ambas ecuaciones se suman}$$
$$x - y = 49$$
$$\overline{2x \qquad = 122}\,, \text{o sea} \quad x = 61 \quad \text{e} \quad y = 12$$

Ampliación de una piscina (G)

Una piscina cuadrada está rodeada por 4 torres de vigilancia del equipo de salvamento. Por desgracia, la piscina resulta demasiado pequeña para la gran afluencia de visitantes que recibe; a menudo no se puede dejar pasar a todos los que quieren bañarse en ella por exceso de gente. Por esa razón, la administración competente quiere ampliar al doble la superficie de la piscina.

No debe construirse, sin embargo, una 2ª piscina; además, debe conservarse la forma cuadrada y, por razones económicas, no debe considerarse siquiera la cuestión de trasladar las torres. ¿Es posible hacer semejante reforma?

Solución
Sí: si adosamos a cada lado del cuadrado pequeño unas superficies triangulares por su lado más largo, entonces podremos comprobar que la suma de las superficies de estos 4 triángulos equivale precisamente a la superficie del pequeño cuadrado interior. El cuadrado grande tendrá, por lo tanto, el doble de tamaño que el pequeño.

Cuatro veces el cuatro (A)

¿Qué signo habrá que situar entre el 9 y el 10 de manera que resulte un número mayor que 9 y menor que 10?

El que haya encontrado demasiado fácil el problema, que intente alguna vez representar los números naturales del 1 al 20 con el número 4. Para ello, sólo puede emplear el número 4, y además, de tal manera que aparezca exactamente cuatro veces en cada representación y en combinación con las operaciones básicas de adición, sustracción, multiplicación y división; también puede hacer raíces cuadradas ($\sqrt{4} = 2$) y utilizar el signo factorial ($4! = 1 \times 2 \times 3 \times 4$).

Por ejemplo, el número natural 6 puede ser representado así:

$$6 = 4 + \frac{4 + 4}{4}$$

Solución

a) Puede conseguirse intercalando una coma:

$9 < 9,10 < 10$

b)

$1 = \dfrac{44}{44}$

$2 = \dfrac{4}{4} + \dfrac{4}{4}$

$3 = \dfrac{4+4+4}{4}$

$4 = 4 + 4\,(4-4)$

$5 = \dfrac{4+4 \times 4}{4}$

$6 = 4 + \dfrac{4+4}{4}$

$7 = \dfrac{44}{4} - 4$

$8 = 4 + 4 + 4 - 4$

$9 = 4 + 4 + \dfrac{4}{4}$

$10 = \dfrac{44 - 4}{4}$

$11 = \dfrac{44}{\sqrt{4} + \sqrt{4}}$

$12 = \dfrac{-4 + 44}{4}$

$13 = \sqrt{4} + \dfrac{44}{4}$

$14 = 4 + 4 + 4 + \sqrt{4}$

$15 = 4 + \dfrac{44}{4}$

$16 = 4 + 4 + 4 + 4$

$17 = 4 \times 4 + \dfrac{4}{4}$

$18 = 4 \times 4 + 4 - \sqrt{4}$

$19 = 4! - 4 - \dfrac{4}{4}$

$20 = 4 \times 4 + \sqrt{4} + \sqrt{4}$

Distribución de los asientos (L)

En la pequeña iglesia de un pueblo, cada domingo se reúnen los mismos feligreses para celebrar juntos el oficio de la misa. A la izquierda y a la derecha del altar se sientan siempre las mismas personas.

Un domingo, un feligrés que siempre se había sentado a la izquierda se sentó —para asombro de todos— en la parte derecha del altar; con ello, a la derecha y a la izquierda había el mismo número de personas.

Cuando se implantó de nuevo la habitual distribución de los asientos, un asiduo de la iglesia cambió excepcionalmente de asiento, trasladándose del lado derecho al izquierdo.

De esta manera había a la izquierda el doble de asistentes que a la derecha.

¿Cuántos asistentes a la iglesia solían sentarse normalmente a la izquierda y cuántos a la derecha?

Solución

Normalmente a la derecha del altar se sentaban 2 personas menos que a la izquierda.

Si una persona se suma al lado izquierdo, en el lado derecho, que se ha visto reducido ahora en 1 persona, tiene que quedar tan sólo la mitad del número de personas. Por ello, el lado derecho disminuido tiene que estar ocupado por la mitad de personas que el lado derecho ampliado en tres (2 + 1) personas.

En el lado derecho, por lo tanto, tienen que sentarse normalmente 5 personas, y en el lado izquierdo del altar, 7 personas.

En matemáticas resulta posible desenredar considerablemente esta red de condiciones:

Denominaremos x al número de personas que se sientan a la derecha del altar. A la izquierda del altar deben sentarse y personas.

Por lo tanto:

$$\left.\begin{array}{l} \text{I.} \quad x + 1 = y - 1 \\ \text{II.} \quad 2(x\text{-}1) = y + 1 \end{array}\right\} \quad x + 2 = 2(x\text{-}1) - 1 => x + 2 = 2x - 2 - 1 => x = 5$$

$$\downarrow$$
$$y = 7$$

Torre de dados (L)

Sobre una mesa hay 8 dados, uno encima del otro. El pequeño Juanito da vueltas a la mesa y debe averiguar, sin tocar los dados, cuántos puntos en total han quedado ocultos.

Solución

Como es sabido, la suma total de los puntos de las caras opuestas de un dado es siempre 7, entonces hay $7 \times 7 = 49$ puntos ocultos en los 7 dados inferiores; a esto hay que añadir el número de puntos ocultos del dado superior: 6.

Por consiguiente, en total son 55 los puntos ocultos.

Dados distintos (L)

Cada dado muestra tres caras, y no todos tienen los puntos marcados de la misma manera. ¿Qué dados son iguales?

En este problema surge la pregunta: ¿Cuántos son los dados diferentes, es decir, con distinta marcación de los puntos?

Solución

Los dados 1 y 4, así como los dados 2, 3, 5 y 6 son iguales respectivamente. Para hallar la solución tenemos que plantearnos cuáles son las caras ocultas de los dados, teniendo en cuenta que la suma de los puntos de las caras opuestas es siempre 7.

Mediante los giros apropiados pueden compararse los dados correspondientes: aquí, por ejemplo, los dados 1 y 4.

La 2ª pregunta no es fácil de responder:

Cada dado puede ser colocado de manera que muestre un número determinado de puntos, pongamos por caso 1 punto. Así, en la cara opuesta tiene que haber el número de puntos capaz de hacer que la suma de ambas caras sea 7; en nuestro ejemplo sería el número 6.

La cara de la derecha (o cualquier otra) puede estar ocupada exactamente por 4 números distintos (en la ilustración, en la línea superior). Ahora puede lograrse, mediante una apropiada selección de números en las caras superiores de estos 4 dados, que todos estos sean iguales entre sí. Podemos comparar entonces cada uno de estos 4 dados de la línea superior con cada uno de la misma línea. Así pues, un dado con las caras frontal y lateral derecha determinadas sólo tendrá dos caras ambiguas. Por ello, sólo hay exactamente 2 tipos de dados diferentes.

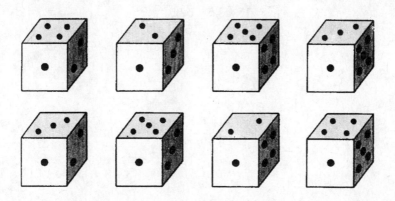

El número que falta (A)

¿Qué número falta aquí?
a) 3, 4, 6, 9, 13, ?
b) 1, 2, ?, 15, 52,5, 210, 945
c) ?, 8, 5, 9, 4, 10, 3, 11

Solución

$9 < 9,10 < 10$

a) $3 + 1 = 4$
$\qquad 4 + 2 = 6$
$\qquad\qquad 6 + 3 = 9$
$\qquad\qquad\qquad 9 + 4 = 13$
$\qquad\qquad\qquad\qquad 13 + 5 = \mathbf{18}$

b) $1 \times 2 = 2$
$\qquad 2 \times 2,5 = \mathbf{5}$
$\qquad\qquad 5 \times 3 = 15$
$\qquad\qquad\qquad 15 \times 3,5 = 52,5$
$\qquad\qquad\qquad\qquad 52,5 \times 4 = 210$
$\qquad\qquad\qquad\qquad\qquad 210 \times 4,5 = 945$

c) $\mathbf{6} + 2 = 8$
$\qquad 8 - 3 = 5$
$\qquad\qquad 5 + 4 = 9$
$\qquad\qquad\qquad 9 - 5 = 4$
$\qquad\qquad\qquad\qquad 4 + 6 = 10$
$\qquad\qquad\qquad\qquad\qquad 10 - 7 = 3$
$\qquad\qquad\qquad\qquad\qquad\qquad 3 + 8 = 11$

El último resto (Var)

En la elaboración del jabón se producen restos de material al formarse las pastillas por compresión.

De los restos de 11 pastillas de jabón puede fabricarse una nueva pastilla.

¿Cuántas pastillas de jabón podrá elaborar el fabricante del jabón de los restos de 250 pastillas?

Solución

De 250 pastillas de jabón pueden elaborarse en un principio

$$250 : 11 = 22, \text{ resto } 8$$

por lo tanto 22 nuevas pastillas, quedando 8 restos de la 1ª elaboración y 22 restos de jabón de la 2ª producción. De estos 30 restos pueden ser elaboradas luego 2 pastillas. Los 8 restos que quedan, junto con los 2 restos de la 3ª producción, no bastan para hacer otra pastilla más.

Así pues, es posible elaborar 24 pastillas de jabón.

Siete por tres igual a cien (A)

¿De qué forma habrá que escribir tres veces la cifra 3, de manera que aparezca el 4 como resultado?

Utilice en total siete, ocho y nueve veces la cifra 3 en tres operaciones diferentes de modo que resulte en cada caso un valor de 100.

Solución

a) $3 : 3 + 3 = 4$

b)   I $33 \times 3 + 33 : 33 = 100$
     II $33 + 33 + 33 + 3 : 3 = 100$
     III $33 \times 3 + 333 : 333 = 100$

El vuelo de la paloma (V)

Dos ciclistas que en un principio están a una distancia de 60 km entre sí se acercan a una velocidad de 10 km/h (cada bicicleta) en un tramo recto de la carretera.

Al mismo tiempo, una paloma mensajera parte desde el primer ciclista y vuela hacia el 2º ciclista a una velocidad de 30 km/h. Una vez que ha llegado hasta él, parte inmediatamente de nuevo en la dirección opuesta y regresa hasta el primer ciclista.

¿Qué recorrido habrá hecho la paloma mensajera cuando ambos ciclistas se encuentren, si no se ha permitido ni un solo momento de descanso?

Solución

Evidentemente los ciclistas se encontrarán al cabo de 3 horas, ya que se acercan a 10 km/h en un trayecto de 60 km. Por consiguiente la paloma mensajera, volando a·30 km/h, habrá recorrido durante esas 3 horas exactamente 90 km.

Nenúfares (L)

La superficie cubierta de nenúfares de un lago se duplica cada día.

Tras un mes exacto, el lago está completamente cubierto.

¿En qué momento exacto estuvo cubierto de nenúfares la mitad del lago?

¿Cuánto tiempo hubiesen necesitado 2 nenúfares para cubrir completamente el lago?

Solución
a) Después de 29 días, si el mes tiene 30 días.
b) Igualmente 29 días, ya que la superficie cubierta también vuelve a doblarse el día 30.

146

Suma de los puntos de un dado (P)

Un dado bien equilibrado (es decir, un dado en el que los 6 números aparecen con la misma frecuencia) es arrojado las veces necesarias para que la suma total de sus puntos sea mayor que 12.

¿Qué suma de puntos tiene mayor probabilidad de aparecer?

Solución

En la penúltima tirada, la suma de los puntos puede ser como máximo 12, 11, 10, 9, 8 ó 7, ya que en la próxima, la última tirada, debe obtenerse por lo menos una suma de 13. Si en la penúltima tirada la suma de puntos es 7, entonces en la última tirada obtendremos 8, 9, 10, 11, 12 ó 13 puntos, siendo todas las sumas de puntos igual de probables, ya que en un dado equilibrado ningún número tiene «preferencia».

Si la penúltima suma de puntos no es 7, sino 8, entonces obtendremos una suma final de 9, 10, 11, 12, 13 ó 14 puntos.

Si la penúltima suma de puntos es 12, sólo puede resultar una suma final de 13, 14, 15, 16, 17 ó 18 puntos.

Podemos observar que sólo aparece el número 13 en todas las posibilidades; ése es pues el que tiene mayor probabilidad de aparecer como suma final.

Encuentro de camiones (Var)

Un empresa de transportes se ha especializado en el trayecto Sevilla-Barcelona y transporta mercancías sólo entre estas dos ciudades. El viaje en camión en cada dirección dura 9 horas.

Los camiones de la empresa salen de ambas ciudades cada hora en punto, a partir de las 6.00 hasta las 21.00 horas, cada uno en la dirección opuesta.

¿Cuántos camiones de la empresa se encuentran con un camión que haya salido de Sevilla a las 6.00 horas?

Vamos a suponer que los conductores de los camiones que van en direcciones opuestas están siempre a la vista unos de otros, para estar seguros de que van a encontrarse.

¿Cuántos camiones de la empresa se encuentran con un camión que haya salido a las 17.00 horas?

Solución

Si cada viaje en una u otra dirección dura 9 horas, los camiones se encuentran por primera vez a las 10.30, es decir, tras 4,5 horas de viaje. Después se encontrarán cada media hora. Serán 9, por consiguiente, los camiones que se encuentren.

Además, el camión que sale de Sevilla a las 6.00 horas se encuentra al partir con un camión que llega de Barcelona y que ha salido la noche anterior (21.00 horas).

Posteriormente, a su llegada a Barcelona, a las 15.00 horas, el camión tiene que encontrarse con un camión que parte en ese momento. En total se encuentran pues 11 camiones.

El siguiente gráfico ayuda a descubrir más fácilmente los puntos de encuentro de los camiones. Podemos comprobar que el camión que sale a las 17.00 horas se encuentra con 14 camiones de la empresa en dirección opuesta:

Sevilla

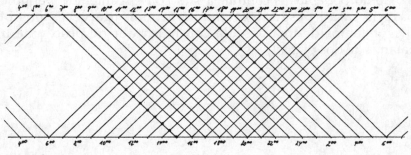

Barcelona

Bombones contaminados (Var)

Una fábrica de bombones produce bombones de frutas en latas de 100 unidades. Para su venta, las latas se empaquetan en cajas de 40 latas cada una.

Por desgracia, en los bombones de una de estas latas se han mezclado ingredientes erróneos que pueden suponer un riesgo para la salud del consumidor. A pesar de que los bombones dañados tienen el mismo aspecto exterior que el resto, se sabe que uno de estos bombones perjudiciales para la salud, con un peso de 30 gramos, pesa exactamente 5 g más que un bombón normal.

La dirección de la fábrica de bombones quiere encontrar ahora, entre un total de 100 cajas, la lata con los bombones no comestibles lo más rápidamente posible y sin armar un gran alboroto. Por razones de coste, debe evitarse a toda costa la destrucción de todos los bombones.

¿Cómo podemos encontrar la lata con el contenido perjudicial para la salud pesando el menor número de veces posible? (Disponemos de una báscula con marcador de peso y de una balanza de dos platos).

Solución

En primer lugar hay que encontrar entre un gran número de cajas la que contiene en una de sus 40 latas los bombones en mal estado.

Sorprendentemente, con la ayuda de una balanza podremos averiguar ahora, pesando como máximo 5 veces, en cuál de las 100 cajas se encuentra la lata en cuestión:

Para ello, si la balanza es lo suficientemente grande, pondremos 33 cajas en cada plato de la balanza. Si la balanza se mantiene equilibrada, habrá que seguir buscando entre las 34 cajas restantes.

Las 34 (ó 33) cajas volverán a ser repartidas de nuevo en tres grupos de 11 (o 12) cajas cada uno para medir nuevamente el peso con el mismo procedimiento que antes.

Si la balanza se mantiene en equilibrio, entonces la caja que buscamos estará entre las 12 cajas restantes que no están en uno de los dos platos de la balanza.

Las últimas 12 cajas las repartiremos ahora en 3 grupos de cuatro, y las pesaremos del mismo modo. Finalmente quedarán 4 cajas, de entre las que encontraremos la que contiene los bombones en mal estado pesando tan sólo 2 veces. En total, sólo necesitaremos pesar pues un total de 5 veces.

Después de tan laboriosa búsqueda, podemos seguir buscando la lata «defectuosa» entre las 40 de la caja que hemos encontrado, pero esta vez podemos encontrar la lata pesando una sola vez. Para ello, tomaremos de la 1ª lata un bombón, de la 2ª lata exactamente 2 bombones, de la 3ª lata 3 bombones, etc. y de la lata nº40, como es lógico, 40 bombones.

Ahora pesaremos estos 820 bombones (línea aritmética, compárese con el problema «Cálculo mental», pág. 86). Si a ese peso resultante le restamos la masa 820 x 25 g (los bombones normales pesan 25 g; los defectuosos, 30 g) y dividimos entre 5 el peso resultante (5 g es el peso que hay de más en cada bombón defectuoso), obtendremos la cantidad de bombones defectuosos que hay entre los que se encuentran en el plato.

Con ello sabremos con seguridad cuál es la lata que buscamos. De todas formas, habrá que tirar todos estos últimos bombones pesados individualmente si no queremos tener que volver a pesar...

Pirulís defectuosos (Var)

La aparición de defectos de producción en la empresa de bombones del problema anterior prosigue.

Otro envío contiene, entre un total de 10 cajas con 1.000 pirulís cada una, una cantidad desconocida de cajas con pirulís en mal estado. Afortunadamente, se sabe otra vez la diferencia de peso entre un pirulí bueno y uno malo: un pirulí malo pesa 50 g, es, decir, 10 g menos que uno bueno.

¿Cómo podremos averiguar, pesando una sola vez, en qué cajas se encuentran los pirulís en mal estado?

Solución

Dado este complicado enunciado, el denominado «sistema binario» puede servir de mucha ayuda. En este sistema, los números se representan con ayuda de potencias de dos. El número 92 (sistema decimal) tiene, por ejemplo, la siguiente representación binaria:

$$92_{10} = 1 \times 2^6 + 0 \times 2^5 + 1 \times 2^4 + 1 \times 2^3 + 1 \times 2^2 + 0 \times 2^1 + 0 \times 2^0 =$$
$$= 64 + 16 + 8 + 4$$

y de ese modo

$$92_{10} = 1\ 011\ 100_2$$

Pero volvamos al problema.

De la 1ª caja tomaremos ahora 1 pirulí; de la 2ª caja, 2 pirulís; de la 3ª caja, 4 pirulís; de la 4ª caja, 8 pirulís; etc., y de la 10ª caja, $2^9 = 512$ pirulís.

Si al pesar los pirulís se detecta una falta de peso de, por ejemplo, 870 g, entonces es que debe haber en total 87 pirulís malos en la bandeja de la báscula.

Si escribimos ahora esa cifra 87 según el sistema binario, o sea, $87_{10} = 1\ 010\ 111_2$, entonces podemos interpretar el número binario leyéndolo de derecha a izquierda, como la sucesión numérica de las cajas que buscamos.

Las cajas defectuosas son, pues, las número 1, 2, 3, 5 y 7.

El virtuoso del cálculo mental (A)

Un virtuoso del cálcuio mental afirma poder hacer la raíz de 5 de cualquier número, siempre que éste dé como resultado un número entero.

La raíz de 5 del número 32, por ejemplo, es 2, porque

$$2^5 = 32 \quad \text{y por ello,} \quad \sqrt[5]{32} = 2$$

¿Cómo podrá sacar el virtuoso la raíz de 5 de, por ejemplo, 11.881.376:

$$\sqrt[5]{11.881.376} = ?$$

Solución
El virtuoso sabe que la cifra de las unidades de un número siempre coincide con la de su 5ª potencia.

Ejemplos:

$$12^5 = 248.832$$
$$37^5 = 69.343.957$$

Por consiguiente, en nuestro caso, el número buscado posee el 6 como cifra de las unidades.

Reflexionemos ahora:

$20^5 = 3.200.000$ y $30^5 = 24.300.000$ Por lo tanto, el número que buscamos está entre el 20 y el 30; es, pues, el 26.

Chicles (D)

Tres colegiales mandan a Lorenzo, el alumno nuevo, a comprar chicles. Cada colegial da a Lorenzo 5 pesetas.

El carnicero pide al principio 15 pesetas, pero después se da cuenta de que ha marcado 5 pesetas de más por equivocación. Por esa razón devuelve al nuevo alumno una moneda de 5 pesetas.

Lorenzo devuelve a cada uno de los colegiales 1 peseta y guarda en su bolsillo 2 pesetas.

Por lo tanto, cada colegial ha pagado 4 pesetas, pero 4 x 3 = 12, y 12 pesetas + 2 pesetas = 14.

¿Quién ha recibido entonces la peseta que falta?

Solución

La argumentación del enunciado induce a error y es falsa.

Si bien es cierto que los colegiales han pagado en total 12 pesetas, también es verdad que en esa cantidad queda incluida la propina que Lorenzo se ha tomado por su mano. Por lo tanto, no hay que añadir nada, sino más bien restar; en ese caso, obtendremos lógicamente el precio de los chicles, que es de 10 pesetas.

154

Ensalada de huevos (Var)

El campesino Julio tiene muchas gallinas. Sabe que 20 gallinas empollan en 18 días 30 huevos en 3 gallineros.

¿Cuánto tiempo necesita para hacer que 30 gallinas empollen la misma cantidad de huevos en 4 gallineros?

Solución

Como es natural, no podemos hacer disminuir el tiempo de empolladura aumentando el número de gallinas. Y es que las gallinas no son, por ejemplo, como los obreros que cavan una fosa...

Las 30 gallinas necesitarán, por tanto, igualmente 18 días.

Segmento aleatorio (G)

Trácese desde un punto P, situado en la periferia de un círculo, un segmento cualquiera PQ.

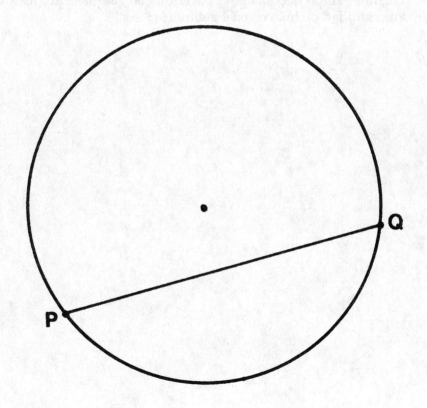

¿Qué probabilidad hay de que un 2º segmento, trazado al azar desde P, sea más pequeño que PQ?

156

Solución

Si trazamos un 2º segmento de longitud PQ, desde P hasta el punto Q', es fácil suponer que un segmento aleatorio PZ es justamente más largo que PQ, si Z está comprendido en el arco de círculo entre Q y Q'. Todos los demás segmentos, como por ejemplo PK, son más cortos que PQ. Por consiguiente, la relación entre la longitud del arco de círculo comprendido entre Q, P y Q' y la longitud del perímetro del círculo determina la probabilidad.

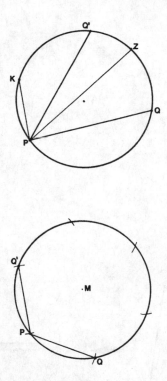

Si, por ejemplo, PQ es igual al radio del arco de circunferencia dado, entonces la probabilidad de que un segmento aleatorio sea más corto que PQ es de 1/3. Y es que sabemos que es posible trazar seis veces sobre la periferia de un círculo la longitud de su radio correspondiente (construcción del triángulo o hexágono equilátero).

Magia con triángulos (G)

¿Cómo podemos transformar, mediante modificaciones geométricas, un triángulo cualquiera en un
a) rectángulo de la misma superficie?
b) cuadrado de la misma superficie?

Solución

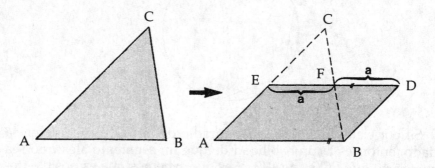

Conversión de un triángulo en un paralelogramo.
Reflexión en el punto F del △ EFC en △ FBD.

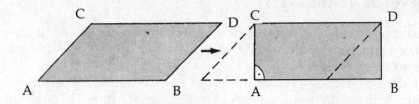

Conversión de un paralelogramo en un rectángulo.

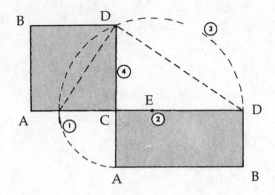

Conversión de un rectángulo en un cuadrado, con ayuda del teorema de Thales y del teorema de la altura.

Huevos de Pascua (Var)

En una cesta hay 27 huevos de Pascua; uno de ellos ha sido sorbido en crudo para vaciarlo de su contenido, y ahora pesa menos que los demás huevos.

¿Cómo podemos averiguar, con el menor número posible de comparaciones de peso, cuál es el huevo que está hueco? Tenga en cuenta que podemos usar una balanza de dos platos.

Responda también la pregunta en el caso de 28 y 29 huevos.

Solución

Normalmente trataríamos de averiguar la diferencia de peso de los huevos levantándolos sencillamente con la mano. Vamos a suponer, sin embargo, que por alguna razón eso no es posible.

En primer lugar, pondremos 9 huevos en cada uno de los platos de la balanza. Si la balanza se mantiene en equilibrio, entonces el huevo hueco debe encontrarse entre los 9 huevos restantes; si no es así, seguiremos buscando en el grupo de 9 huevos más ligero.

Ahora dividiremos los 9 huevos en 3 grupos de tres y procederemos del mismo modo que antes.

Finalmente, del grupo de tres más ligero colocaremos 1 huevo en cada plato.

De esta manera habremos encontrado el huevo hueco utilizando la balanza tań sólo 3 veces.

Vamos a detallar los pesajes de 27 huevos según el procedimiento que hemos formulado. El primer dato indica el número de huevos que hay en el plato izquierdo de la balanza; el 2° dato indica el número de huevos que hay en el plato derecho. El tercer dato indica el número de huevos que no se pesan en esta 1ª fase del proceso:

$$9/9/9 \text{——} 3/3/3 \text{——} 1/1/1$$

Para 28 huevos sería:

$$9/9/10 \text{——} 3/3/4 \text{——} 1/1/2 \text{——} 1/1$$

Aquí tenemos que partir siempre del peor de los casos, es decir, el caso en que tenemos que pesar un mayor número de veces. Por eso, tanto si son 28 como 29 los huevos, es necesario pesar en total 4 veces como máximo:

Para 29 huevos sería:

$$10/10/9 \text{——} 3/3/4 \text{——} 1/1/2 \text{——} 1/1$$

Plaga de huevos de Pascua (Var)

Estudie el problema anterior.

¿Cuántas comparaciones de peso serían necesarias si, a diferencia del problema anterior, no se trata de un huevo hueco entre 27, 28 ó 29 huevos, sino que debe encontrarse entre n huevos uno más ligero teniendo en cuenta, además, que tampoco muestra a primera vista ninguna diferencia de peso?

Solución

En cada pesaje hay 3 posibilidades como resultado: o bien la balanza se mantiene en equilibrio, o bien se inclina a la izquierda o bien a la derecha.

Si es una vez la que se pesa hay que contar exactamente con 3 posibilidades; si son dos veces las que se pesa, $3^2 = 9$ posibilidades; si son tres veces, $3^3 = 27$, etc.

Si son m veces las que pesamos, entonces podremos encontrar entre 3^m huevos uno con un peso distinto.

En primer lugar, por tanto, buscaremos una potencia de tres con $n \leq 3^m$ y simultáneamente $n \geq 3^{m+1;}$ después buscaremos 3 grupos con $n/9$ huevos, etc., hasta que sólo quede un huevo en el plato de la balanza.

Después, para $n = 3^m$ tendremos que pesar exactamente m veces, y para $n \geq 3^m$ necesitaremos hacer exactamente $m + 1$ pesajes.

Por ejemplo, si son 200 los huevos, es necesario hacer 5 comparaciones de peso:

$$67/67/66 \underline{\qquad} 22/22/23 \underline{\qquad} 8/8/7 \underline{\qquad} 3/3/2 \underline{\qquad} 1/1/1$$

Esto es:

$$3^4 = 81 \leq 200 \text{ y } 3^5 = 243 \geq 200$$

Conversión de un rectángulo (G)

Un rectángulo cuyos lados guardan entre sí una relación de 2:1 debe ser dividido con el menor número posible de líneas de corte, de manera que se obtenga un cuadrado que tenga necesariamente la misma superficie. (Compárese a tal efecto el problema «Magia con triángulos» de la página 158).

Solución

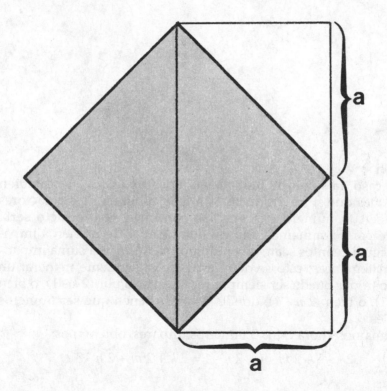

Los triángulos rectángulos que resultan del corte son coincidentes y complementan al triángulo rectángulo grande, formando un cuadrado.

163

¿Par o impar? (A)

Fernando afirma:

—El producto de las edades de las 7 personas de nuestra familia es un número impar.

¿Qué podemos decir acerca de la suma de estas edades?

Solución

En ese caso, la suma de todas las edades tiene que ser también impar. Y es que si un producto es impar, ninguno de sus factores puede ser un número par; en caso contrario, el producto sería siempre par. Si sumamos una cantidad impar de números impares, da igual cuántos sean, obtendremos siempre una suma impar.

En matemáticas, esto se demuestra de la siguiente manera: un número impar puede ser siempre representado por $(2k - 1)$, o bien $(2m - 1)$, o bien $(2n - 1)$, donde k, m y n tienen que ser números naturales.

Si sumamos ahora estos 3 números impares, obtenemos:

$$2k - 1 + 2m - 1 + 2n - 1 = 2k + 2m + 2n - 3$$

o sea:

$$2k - 1 + 2m - 1 + 2n - 1 = 2(k + m + n - 1) - 1$$

Esto también es un número impar, ya que la expresión $2(...)$ siempre es un número par.

164

Números de Fibonacci (A)

El pescador Francisco posee la virtud del cálculo mental; todo el pueblo lo sabe y por eso, cada vez que hay ocasión, le someten a rigurosas pruebas para que demuestre su habilidad.

Una vez Francisco les hizo una demostración de su habilidad sin requerimiento alguno: le sugirió a una dama de un grupo, la señora Pérez, que dijera dos números cualesquiera que se le pasasen por la cabeza en aquel momento.

El pescador Francisco escribió después ambos números, uno debajo del otro, y pidió a una 3ª persona que los sumase y escribiese el resultado como tercer número, debajo de los otros dos.

Este procedimiento —la adición de los dos últimos números— hubo de repetirse hasta que al final había 10 números escritos, uno debajo del otro (estas sucesiones se denominan números de Fibonacci, en memoria del matemático italiano Leonardo Fibonacci, 1170-1240).

Entonces Francisco pidió a cada uno de sus oyentes averiguar la suma total de la sucesión de números resultante.

Por lo que parece, el pescador Francisco es verdaderamente genial, ya que incluso antes de que comenzase a sumar el primero de los allí presentes, ya tenía el resultado.

¿Usted también es «genial», o necesita una calculadora para hacer semejante adición?

Solución

Vamos a suponer, por ejemplo, que la señora Pérez escogió los números 6 y 13. Entonces, los 10 primeros términos de la sucesión de Fibonacci serían:

$$6 + 13 + 19 + 32 + 51 + 83 + 134 + 217 + 351 + 568$$

Sorprendentemente, la suma final equivale al múltiplo de 11 del 7º número, es decir, $11 \times 134 = 1.474$.

Esto no es de ninguna manera una casualidad ni una peculiaridad de esta sucesión de Fibonacci específica, sino que ocurre siempre, sean cuales sean los números con que comencemos el juego.

La demostración matemática de esta afirmación tan sorprendente es fácil de hacer:

Si al principio se eligen los números naturales k y n, entonces la sucesión de Fibonacci hasta el 10º término es la que sigue:

$$k + n + (k + n) + (k + 2n) + (2k + 3n) + (3k + 3n) + (3k + 5n) +$$
$$+ (5k + 8n) + (8k + 13n) + (13k + 21n) + (21k + 34n)$$

Si sumamos términos del mismo tipo, obtenemos como suma final el valor de $55\,k + 88\,n$, que es, ni más ni menos, el múltiplo de 11 del 7º término.

El arte del cálculo (A)

Pruebe a hacer el siguiente juego en su próxima reunión con amigos.

Probablemente hallará en ellos a sorprendidos oyentes que quizás le crean a usted más capaz en la aritmética de lo que ellos desearían.

Invite a uno de sus amigos a escribir las dos últimas cifras de su año de nacimiento en un papel y que lo oculte. A ellas debe sumar las dos últimas cifras del año de un acontecimiento importante en su vida y, además, su edad y el número de años que han transcurrido desde el importante acontecimiento.

Solución

La suma de estos 4 números da siempre como resultado el doble del número del año en curso. La condición previa para que suceda esto es que el invitado diga siempre la edad que tendrá el 31 de diciembre del año en curso.

Si el invitado tiene entonces x años, y el acontecimiento importante tuvo lugar en el año y, es decir en el año 1993, por ejemplo, su edad es de $93 - x$, y han pasado $93 - y$ años desde el importante acontecimiento. La suma de estos 4 números, lógicamente, será siempre 188, si la operación se realiza en el año 1994.

De diecisiete, haga uno (Var)

Tenemos 5 tacos de madera T1 de las medidas
$$2 \times 2 \times 2 \text{ cm} = 8 \text{ cm}^3$$
6 tacos de madera T2 de las medidas
$$2 \times 4 \times 8 \text{ cm} = 64 \text{ cm}^3$$
y 6 tacos de madera T3 de las medidas
$$4 \times 4 \times 6 \text{ cm} = 96 \text{ cm}^3$$

El problema consiste en construir con estos 17 tacos un cubo con un volumen de 1 dm³.

Solución

En cualquier caso —si partimos de la suma total de todos los volúmenes— sí es posible hacer:
$$5 \times 8 \text{ cm}^3 + 6 \times 64 \text{ cm}^3 + 6 \times 96 \text{ cm}^3 = 1.000 \text{ cm}^3$$
Centrémonos ahora en la construcción:

Los 3 tipos de tacos T1, T2 y T3 presentan las siguientes superficies:

A = 4 cm² (2 x 2)   B = 8 cm² (2 x 4)   C = 16 cm² (2 x 8)
D = 16 cm² (4 x 4)   E = 24 cm² (4 x 6)   F = 32 cm² (4 x 8)

Cada una de estas superficies A-F tiene que aparecer hacia afuera —es decir, en cada lado del cubo que buscamos— exactamente una vez, ya que es sabido que el cubo posee 6 caras y que la suma de las 6 caras A + B + C + D + E + F da como resultado 100 cm². Por esta razón, también cada uno de los 6 tacos T2 tendrá que poder distinguirse exactamente una vez en cada una de las 6 caras cuadradas; esto mismo, por lo tanto, también debe ser aplicable a los 6 tacos T3. Por ello, además, ninguno de los tacos T2 o T3 podrá permanecer en el interior del cubo.

Pues bien, un taco T2 tiene 3 aristas distintas, mientras que, por el contrario, un taco T3 sólo tiene 2 diferentes. Por razones de simetría, por lo tanto, ningún taco del tipo T3 podrá quedar en una de las esquinas del cubo, ya que no sería posible una regular distribución de estos tacos en cada una de las 6 caras del cubo.

Por consiguiente, en las esquinas del cubo sólo podrá haber tacos del tipo T2; más adelante habrá que considerar la posibilidad de que 2 pequeños tacos T1 pasen a ocupar esta posición específica.

Tal y como se ha argumentado, todos los tacos del tipo T2 y T3 deben tener una disposición simétrica con respecto al centro del cubo. Por lo tanto, también habrá que colocar simétricamente alrededor de la mitad del cubo los 5 pequeños cuerpos T1. Debido a la cantidad de tacos de este tipo (5), esto sólo podrá hacerse sobre una de las diagonales del cubo, ya que la suma de todas las aristas de los tacos T1, en cualquiera de las dimensiones (longitud, extensión o altura), será siempre de 10 cm. Si, por último, tenemos en cuenta que la longitud de 10 cm de las aristas del cubo sólo está formada por longitudes de aristas de tacos de 2 + 8 y 2 + 4 + 4 ó 4 + 6, entonces la verdadera labor de construcción del cubo de 1 dm³ de volumen se convierte en un juego de ninos:

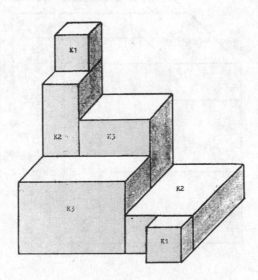

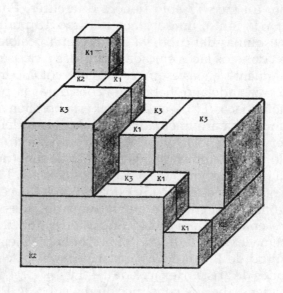

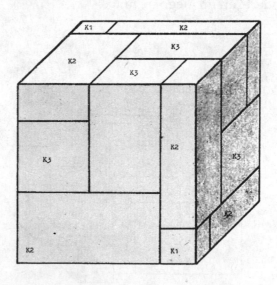

Salto de caballo (L)

En el juego de ajedrez, ¿es posible trasladar un caballo desde una esquina (por ejemplo, inferior izquierda = A1) hasta la esquina opuesta (superior derecha = H8) pasando por cada una de las 64 casillas del tablero una sola vez?

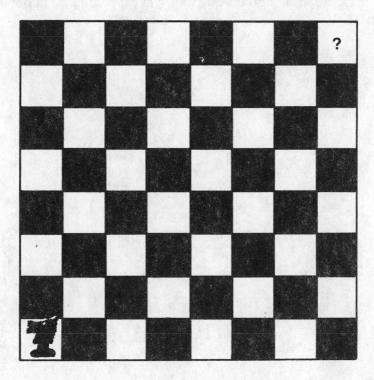

Solución

Indudablemente, esto es imposible porque el número de casillas que debería ocupar es 63 y, por lo tanto, impar. En cada salto de caballo, sin embargo, tiene lugar un cambio de casilla, de negra a blanca. Estas dos casillas opuestas, sin embargo, son blancas. Por tanto, un cambio de este tipo implica un número de saltos par.

171

El contenido de una botella (G)

Una botella contiene un líquido que llega hasta determinada altura. La parte inferior de la botella, la más grande, tiene forma cilíndrica; el fondo interno de la botella es recto.

¿Cómo podremos determinar, de la manera más sencilla posible, la cantidad de líquido que hay y la capacidad de la botella sin abrirla?

Solución

Marcaremos en la botella el nivel del líquido, primero en posición vertical (h^1) y después en posición invertida (h^2). Ambas marcas estarán en la parte cilíndrica de la botella si la botella no está del todo llena de líquido. La media aritmética de ambas marcas (h^m) indica lógicamente el nivel de líquido de la mitad del volumen de la botella:

$$V_{(líquido)} = \pi \times r^2 \times h_1$$

$$\Rightarrow V = \pi \times r^2 \times h_1 + \pi \times r^2 \times h_2 = \pi \times r^2 \times (h_1 + h_2)$$

$$V_{(aire)} = \pi \times r^2 \times h_2$$

Por tanto, si $h_m = 1/2 \times (h_1 + h_2)$, la mitad del volumen es:

$$V_m = 1/2 \times V = \pi \times r^2 \times h_m$$

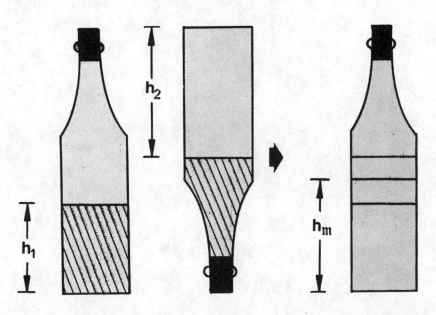

Clasificación de los problemas

Aritmética

2 números 85
Adición múltiple 123
Aún más magia con números 117
Cálculo mental 86
Cuatro veces el cuatro 136
Divisibilidad 83
División ilegible 98
División magistral 44
El signo ausente 49
El arte del cálculo 167
El virtuoso del cálculo mental 153
El número que falta 142
En la variación está el gusto 102
Estímulo 91
Magia con números 114
Más magia con números 116
Números de Fibonacci 165
Resultados del examen 56
Siete por tres igual a cien 144
Suma de signos 95
¿Par o impar? 164

Distribución

Cambio de moneda 46
Chicles 154
Cigarros baratos 18
Dulce vida 70

El gordo Carlos 41
Embaldosadores 78
Excursión en bicicleta 79
Excursión al campo 13
Las albóndigas del domingo 11
Los jugadores 23
Recolección complicada 26
Testamento 64
Travesía a nado 93
Una casa para todos 15

Geometría

Ampliación de una piscina 135
Conversión de un rectángulo 163
El contenido de una botella 172
La cuerda 50
Magia con triángulos 158
Proyección en tres planos 37
Sección de rombos 39
Segmento aleatorio 156

Juegos

Agujero para el dinero 113
Cordón mágico 58
Geometría con cerillas 103
La última cerilla 62
Mesa con posavasos redondos 21
Tijeras discontinuas 89

Lógica

100 cigüeñas 71
A rumbo de brújula 88
Campeonato de tenis 121
Candelas 80
Cerezas a cambio de fresas 129
Compañeros de clase 77
Dados distintos 140
De cinco cifras 84
Distribución de los asientos 138
El profesor de matemáticas 134
El pequeño Juan 110
Gemelas 127
Las caras de un dado 76
Nenúfares 146
Nuevos compañeros 24
Paga semanal 57
Peso corporal 97
Porcedes-GT 125
Problema de edad 119
Problema de corte 53
Roberto y Felipe 36
Salto de caballo 171
Torre de dados 139
Tríada 107
Trueque 74

Mecánica

Ejes 28
Endiablada máquina 31
Tornillos 33

Probabilidades

Acertijo para paladares finos 131
Baño fortuito 101
Caramelos variados 75
Competición deportiva 55
Ensalada de cifras 52

Guantes y calcetines 92
Los zapatos de Elsa 108
Números de tres cifras 48
Once caballeros 73
Ronda de póquer 72
Suma de los puntos de un dado 147

Varios

Artesano a la fuerza 111
Bombones contaminados 150
De diecisiete, haga uno 168
El último resto 143
Encuentro de camiones 148
Ensalada de huevos 155
Huevos de Pascua 160
Jardín de cordones 105
Lectores de periódico 81
Pirulís defectuosos 152
Plaga de huevos de Pascua 162
Problema de peso 54
Problema de transvase 122
Rejilla de ventilación 132
Una cucharada 60
Viento en popa 66

Velocidad

Aceleración 120
Alarma de bomba 42
Caminar al mismo paso 82
Carrera desigual 99
Comedores de croquetas 69
De Salamanca a Barcelona 68
El vuelo de la paloma 145
La cabezadita del señor Martínez 16
La tía de Toni 29
Las manecillas del reloj 51
Un minuto 34
Vacaciones programadas 35
Velas encendidas 65